EL GRAN LIBRO DE HABILIDADES DE LA VIDA ADULTA PARA ADOLESCENTES

Una guía completa para adolescentes sobre todas las habilidades esenciales para la vida, que no te enseñan en la escuela

EMILY CARTER

TABLA DE CONTENIDOS

TU REGALO GRATIS

Adoptar la mentalidad correcta es la clave para alcanzar el éxito en cualquier ámbito de la vida. Como agradecimiento por tu compra, quiero ofrecerte mi *libro Desarrolla tu potencial: La guía del adolescente para desarrollar una mentalidad de crecimiento y emprender el camino hacia el éxito.* ¡Completamente GRATIS!.

Para obtener acceso inmediato, sólo tienes que ir a:

https://lifeskillbooks.com/life-skills-spanish-free-bonus

Dentro del libro descubrirás...

- ✧ La diferencia entre una mentalidad fija y una mentalidad de crecimiento, cómo tu mentalidad influye en tu crecimiento personal y en tu éxito, y por qué una mentalidad de crecimiento es la que debes adoptar.

- ✧ Estrategias prácticas para cultivar una mentalidad de crecimiento, desde los hábitos diarios hasta la superación de obstáculos.

- ✧ Cómo utilizar una mentalidad de crecimiento para potenciar tu éxito académico y profesional.

- ✧ ¡Y mucho más!

Pero espera, aún hay más...

Además del eBook *Desarrolla tu potencial*, quiero obsequiarte dos bonos especiales adicionales:

BONO 1

El manual esencial de trabajos de verano: La guía del adolescente para un verano divertido y rentable.

En esta apasionante guía descubrirás...

✧ Las innumerables ventajas de tener un trabajo durante el verano, desde ganar un dinero extra hasta adquirir una valiosa experiencia y habilidades que te prepararán para el éxito en el futuro.

✧ Los distintos tipos de trabajo disponibles para adolescentes de distintas edades y cómo presentarte de manera efectiva ante posibles empleadores.

✧ Consejos prácticos para evitar que se aprovechen de ti y recomendaciones sobre aspectos fiscales que todo adolescente que trabaja debe conocer.

BONO 2

Criar adolescentes con confianza: 10 publicaciones exclusivas de blog sobre la crianza de los adolescentes

Sé que esto suena aburrido si eres un adolescente, y eso está completamente bien. Pero para ustedes, los padres que están ahí, estos posts inéditos de blog ofrecen una gran oportunidad para aprender algunas nuevas formas efectivas de criar a su hijo adolescente.

Dentro de esta recopilación, descubrirán...

- ✧ Ideas valiosas y consejos prácticos sobre cómo afrontar los retos de la crianza de los hijos adolescentes, desde establecer límites y hacer frente a los cambios de humor hasta gestionar problemas graves como el consumo de alcohol y drogas.

- ✧ Cómo elegir sabiamente sus batallas y olvidarse de las cosas sin importancia, manteniendo al mismo tiempo una fuerte conexión con tu hijo adolescente y animándolo a abrirse a ti.

- ✧ Estrategias eficaces para conseguir que tu hijo adolescente te ayude más en casa, y cómo encontrar el equilibrio adecuado entre ser un padre/madre comprensivo/a y permitirle desarrollar su independencia.

Si realmente quieres hacer un cambio positivo en tu vida y adelantarte al 95% de los adolescentes, visita el sitio web que encontrarás a continuación y obtén estos libros gratuitos.

https://lifeskillbooks.com/life-skills-spanish-free-bonus

INTRODUCCIÓN

*Porque en cada adulto habita el niño que fue, y
en cada niño yace el adulto que será.*

-John Connolly

El momento en que mis padres se marcharon después de dejarme en mi residencia universitaria fue un shock para mi sistema. En ese momento me di cuenta de que estaba sola. Era responsable de mí misma, desde qué y cuándo comer, hasta a qué hora irme a la cama por la noche. En ese momento me di cuenta de que lo había conseguido. Era un adulto con responsabilidades de adulto.

En mi segundo año, cuando opté por alquilar un apartamento con una amiga cerca del campus, me di cuenta de que me había equivocado. Vivir en una residencia universitaria es como ser adulto con ruedas de entrenamiento. Tienes un plan de comidas y comedores. Hay asistentes residentes (RA) para ayudar en caso de conflictos con los compañeros de piso u otros problemas. Sin embargo, ¿en tu propio apartamento o casa? Eres responsable de todo, desde limpiar y cocinar hasta asegurarte de que se paguen todas las facturas en las que nunca antes habías pensado.

Mudarse de casa por primera vez es un gran acontecimiento. Tanto si dejas el nido por un dormitorio durante el curso académico, como si eliges un apartamento, es una gran responsabilidad. Desde el alquiler y la mudanza hasta mantenerte alimentado y mantener tu casa organizada, hay suficientes cosas a tener en cuenta como para que la cabeza te dé vueltas y comiences a preocuparte, eso es normal. Es tu primer gran paso hacia la independencia y la edad adulta. Una vez que te mudes, serás responsable de alimentarte, mantener tu casa limpia y hacer el mantenimiento de tu casa y tu coche. No tendrás a tus padres a los que recurrir en cuanto algo vaya mal y, aunque puedas llamarlos para pedirles ayuda, probablemente no cocinarán, limpiarán ni lavarán la ropa por ti.

La primera vez que se atascó el fregadero de mi piso, no sabía qué hacer. No se vaciaba por mucho que pusiera en marcha el triturador de basura. No se movía. Tampoco tenía ni idea de qué hacer cuando se me reventó una rueda del coche en pleno invierno, hasta que me informaron de que tenía una presión de aire muy inferior a la que debería haber tenido.

Había tantas cosas que no sabía sobre la vida adulta que, mirando hacia atrás, deberían habérmelas enseñado en la escuela. Al fin y al cabo, si el objetivo de la escuela es prepararnos para el mundo, ¿por qué pasamos tanto tiempo memorizando cosas como el teorema de Pitágoras en lugar de cómo gestionar nuestras deudas? ¿Por qué no se nos enseña a cuidar de nosotros mismos y de nuestros hogares?

En última instancia, ahora como adulta, comprendo la importancia de enseñar a los niños a ser adultos. Eso comienza con la comprensión de todas las cosas que tendrán que hacer cuando vivan fuera de casa.

Por eso he creado este libro. Se trata de las habilidades que desearía haber aprendido antes. Estoy segura de que me habrían ahorrado mucho tiempo de aprendizaje. No me arrepiento del pasado ni de las luchas que tuve que afrontar en mi adolescencia; sin duda, me enseñaron valiosas lecciones de vida que me han servido para prosperar más adelante. Sin embargo, si puedo evitar que un solo adolescente cometa mis mismos errores o que entre en la edad adulta a ciegas, habré cumplido con mi misión.

A medida que leas este libro, te irás haciendo una idea de lo que supone ser adulto. Esto implica desde ser capaz de gestionar tu propio hogar y tus finanzas, hasta manejar tus relaciones y conflictos. Aprenderás a mantenerte saludable y a adoptar una mentalidad que te permita alcanzar el éxito.

Antes de que te sumerjas en él, quiero hacer énfasis en una cosa. Nunca dejarás de aprender, de crecer ni de cambiar. Aunque ciertas cosas parezcan difíciles de recordar o de hacer al principio, eso no significa que no puedas hacerlas más adelante. Puede que seas adulto o te estés acercando a la edad adulta, pero eso no significa que de repente tengas todas las respuestas correctas. En el momento en que te conviertes en adulto, no obtienes por arte de magia una visión totalmente nueva de la vida. Sin embargo, cuando te preparas para independizarte, se te presentan un montón de nuevas responsabilidades.

Enfréntate a estas responsabilidades con la mente abierta y la voluntad de aprender, aunque tardes varios intentos en lograr algo. Mientras sigas intentándolo, llegarás a donde te propongas. Al fin y al cabo, ¡no has fracasado a menos que hayas decidido abandonar o no hacer nada en absoluto!

PARTE 1

VIVIR LEJOS DE CASA

Nunca subestimes el poder que tienes para darle un nuevo rumbo a tu vida.

–Germany Kent

ALQUILAR Y MUDARSE

Cuando llega el momento de mudarte a tu propia casa, es normal que te sientas nervioso, emocionado e incluso un poco asustado. Cuando te despides de tus padres y les cierras la puerta por primera vez, es extraño. Es como si al cerrar esa puerta se rompiera una atadura que te ha mantenido unido a ellos toda la vida. Llegaste a este mundo conociéndolos sólo a ellos. Los tomaste de la mano mientras crecías, los observaste mientras te enseñaban, y viviste con ellos toda tu vida, ¿y ahora? Has abandonado el nido.

Es un momento agridulce para ti y probablemente también para tus padres. Seguramente se sientan orgullosos de dejar a su precioso bebé por última vez, pero también es probable que estén un poco asustados, tristes y no del todo preparados para dejarte marchar.

Tanto si te mudas a una residencia de estudiantes o a un piso de alquiler, como si te has comprado una casa, siempre se produce un gran cambio de transición cuando finalmente sales por la puerta de casa de tus padres por última vez. Es algo definitivo, pero no tiene por qué ser malo. Significa que has crecido y que estás listo para empezar tu propia vida. Es normal. Es algo natural.

Por supuesto, esto viene con una pequeña advertencia: de repente te encuentras siendo responsable de todas las cosas que probablemente dabas por sentadas mientras crecías. Pagar las facturas, hacer las tareas domésticas, que la leche aparezca por arte de magia en la nevera... Son cosas que requieren tiempo y trabajo mental. ¿Y ahora? Todo eso te pertenece. ¡Felicidades!

Pero, antes de que llegue el momento de decir adiós y empezar tu nueva vida, primero tienes que conseguir un lugar donde vivir. Mudarse a una residencia universitaria es relativamente sencillo para la mayoría de la gente. Presentas la solicitud, te asignan una habitación en el campus y la pagas durante todo el año. Sin embargo, mudarte a un apartamento por tu cuenta requiere mucha más reflexión. Desde conocer las condiciones del contrato hasta cómo evitar una estafa, hay algunas cosas que debes tener en cuenta.

No olvides que tus padres o tutores pueden ser un gran apoyo durante este proceso. Puede que lloren cuando recibas tu primer juego de llaves, pero pueden ser las personas adecuadas a las que acudir si tienes preguntas concretas. Al fin y al cabo, quieren lo mejor para ti y, además, tienen experiencia.

Todo lo que debes saber

Antes de alquilar y mudarte, querrás familiarizarte con varios pasos del proceso. ¿Cuáles son las condiciones del contrato de alquiler? ¿Qué servicios cubre el alquiler? ¿Los muebles y electrodomésticos? ¿Por qué hay que pagar dos o tres meses de alquiler por adelantado? ¿Es realmente importante el seguro de arrendatario? ¿Por qué? ¿En qué consiste? A la hora de buscar un apartamento por primera vez, hay muchas cosas que debes saber y que quizá nunca te hayas planteado, ¡y no pasa nada! Todos empezamos por algún sitio y éste es el punto de partida perfecto.

Términos del contrato de arrendamiento

El contrato de arrendamiento es un contrato que se firma al alquilar un inmueble, que te concede el uso exclusivo de un piso, una habitación, una casa o cualquier otra vivienda de alquiler a cambio de un precio acordado. Sin embargo, significan algo más que eso. También establecen las normas y directrices que debes cumplir durante el alquiler y, si incumples las condiciones del contrato, este podría llegar a rescindirse y perderías el derecho a permanecer en la vivienda.

Cada contrato es diferente, por lo que te conviene leerlo todo antes de firmarlo y hacer cualquier pregunta sobre los términos de los que no estés seguro o que no entiendas. El agente de bienes raíces podrá explicártelo todo.

Ten en cuenta que los contratos de alquiler también varían de un país a otro. Mientras que en EE.UU. es habitual que los contratos incluyan electrodomésticos, en otros países puede que te den una unidad completamente vacía, sin frigorífico, armarios ni muebles. Mientras que en EE.UU. es normal que se comprueben tus antecedentes, se te pida que verifiques tus ingresos y que proporciones un documento de identidad válido, en otros países podrían exigirte requisitos adicionales. Es posible que en otros países también se te exijan reparaciones estructurales.

Otra cosa que hay que recordar es que el contrato de alquiler probablemente dictará si se te permite tener invitados a largo plazo para evitar residencias involuntarias. En muchos lugares, basta con que una persona resida en una vivienda más de un mes para que se establezca la tenencia, aunque sea un invitado, y eso puede crear muchos dolores de cabeza legales al propietario si se negara a marcharse. Incluso sin un contrato de arrendamiento válido respecto a ese huésped alojado durante mucho tiempo, pueden verse obligados a desalojarlo legalmente si pueden demostrar que ha estado allí el tiempo suficiente.

¿Están incluidos los servicios?

A veces, los servicios públicos están incluidos en el precio del alquiler. Esto es especialmente común si alquila una habitación en una casa. Sin embargo, la mayoría de los alquileres en los EE.UU. requieren que los servicios estén a tu nombre, incluyendo electricidad, gas, agua, alcantarillado y recolección de residuos. También es probable que tengas que pagar tus propios gastos de Internet. Comprueba de antemano lo que incluye el contrato de alquiler para evitar sorpresas, como tener que transferir los servicios antes de mudarte.

Depósitos y gastos de mudanza

Antes de mudarte, normalmente tendrás que pagar el primer mes de alquiler. Esto parece bastante sencillo,

¿verdad? Bueno, hay otros gastos que también podrían entrar en juego. La mayoría de los alquileres cobran una fianza por los daños que vayan más allá del desgaste normal, es decir, los daños derivados del uso habitual, como el pomo de una puerta que se tambalee o el desgaste del suelo.

El importe exacto de la fianza dependerá de lo que permita el estado o el país. Por ejemplo, en Seattle, donde vivo ahora, el propietario no puede cobrar más de un mes de alquiler en concepto de fianza o de tasas no reembolsables, y los inquilinos tienen hasta seis meses para pagar la fianza, las tasas no reembolsables y puede incluirse también el último mes de alquiler mediante un plan de pagos. Se trata de una normativa específica de cada ciudad, mientras que en el estado de Washington no existe este límite. Colorado no impone límites a las fianzas. Connecticut permite dos meses de alquiler para la mayoría de los inquilinos, pero para los mayores de 62 años, esa cifra se reduce a la mitad, al equivalente a un mes.

Asegúrate de saber qué se considera un depósito legal en tu localidad antes de firmar un contrato de alquiler y recuerda que, si el depósito o fianza no parece ajustarse a lo que permite la ley, existe la posibilidad de que te estés metiendo en una estafa.

Además de la fianza y el último mes de alquiler, es posible que también tengas que pagar una fianza o un alquiler para mascotas, depósitos para poner los servicios públicos a tu nombre u otros gastos que puedan estar estipulados en el contrato de alquiler. También es posible que tengas que pagar los servicios de una empresa de mudanzas, alquilar un camión de mudanzas o pagar a alguien para que te ayude a llevar tus pertenencias adonde tienen que ir.

Seguro de alquiler

Tu contrato de alquiler puede o no exigir que tengas una póliza de seguro para inquilinos, pero incluso si no fuera obligatorio, sigue siendo una buena idea tenerla. El seguro de inquilinos suele cubrir sucesos inesperados, que en el mundo de los seguros se conocen como riesgos cubiertos. Cada póliza varía tanto en cobertura como en su costo, así que asegúrate de hablar con un agente que pueda ayudarte a entender qué planes te convienen más. Suele incluir tres tipos de cobertura:

- ✧ **Bienes personales:** Esto cubre el costo de reemplazar o reparar cualquiera de tus pertenencias que hayan sido dañadas, incluyendo muebles, aparatos electrónicos y otros artículos, hasta el límite de tu póliza.

- ✧ **Responsabilidad civil:** Esto cubre el costo de las reparaciones si accidentalmente dañas la propiedad o el costo de las facturas médicas de un huésped si se lesiona en la propiedad y eres encontrado responsable, hasta el límite de tu póliza.

- ✧ **Gastos de manutención adicionales:** Esto cubre cualquier gasto en el que puedas incurrir si tu alquiler sufre daños y tienes que alojarte en un hotel.

Por supuesto, habrá términos adicionales que variarán de una compañía a otra y de un estado a otro, como cuál será tu deducible (la cantidad que debes pagar antes de que el seguro pague), tus primas (la cantidad que pagas mensualmente) y cualquier riesgo cubierto.

Política de mascotas

Las políticas sobre animales de compañía pueden variar enormemente, desde permitir todo tipo de perros y gatos hasta restringirlos a determinados tamaños o prohibir ciertas razas. Si tienes una mascota, ésta es probablemente una de las primeras consideraciones que debes tener en cuenta. Asegúrate de comprobar en el contrato de arrendamiento las políticas sobre mascotas, incluida la fianza, el alquiler mensual y las restricciones que pueda tener el inmueble.

Si crees que puedes eludir el pago de las tasas ocultando a tu mascota, piénsatelo dos veces. Se trata de una infracción del contrato de arrendamiento y pueden desalojarte y cobrarte tasas por daños causados por la mascota. Del mismo modo, si tienes un apartamento en el que no se admiten mascotas, no intentes esconderlas.

¿Necesitas un cosignatario?

Como adulto joven, es probable que empieces sin mucho crédito, a menos que tus padres hayan estado construyéndolo activamente para ti (hablaremos más sobre esto más adelante). Esto significa que no siempre parecerás el potencial inquilino más atractivo para los propietarios y que podrían dudar a la hora de alquilarte, ya que no tendrás ningún tipo de historial de alquiler. Ahí es donde entran en juego los avalistas.

Un cofirmante es alguien que firma tu contrato de alquiler y se compromete a hacerse responsable de cualquier gasto, alquiler impago o daños y perjuicios, si tú no los pagas. Normalmente, el avalista será alguien con un historial crediticio y una situación financiera mucho más consolidados, como tus padres. Recuerda que el cofirmante o avalista también figura en el contrato de arrendamiento y tendrá el mismo acceso a la propiedad que tú. Una alternativa al avalista es el garante, que se compromete a pagar el alquiler si tú no lo haces, pero no tiene acceso a la vivienda.

Elegir alojamiento

Si ha llegado el momento de empezar a buscar alojamiento, espera un poco. Antes de que te emociones demasiado y empieces a dar vueltas alrededor de todos los alquileres elegantes con un millón de comodidades y prestaciones lujosas, tienes algo que planificar. Sé lo tentador que es echar un vistazo a las unidades disponibles y soñar con una nueva vida en lo mejor de lo mejor, pero la realidad es que la mayoría de nosotros empezamos poco a poco y vamos subiendo. Elegir una vivienda de alquiler requiere mucha planificación, investigación y tiempo, e incluso puede que no consigas la primera que hayas elegido.

¿Cuál es tu presupuesto?

El factor más importante a la hora de buscar vivienda es el presupuesto. Al fin y al cabo, tienes que poder permitirte pagar tu nuevo alojamiento. Si te metes en un lío, porque has optado por un apartamento que, en los hechos, está fuera de tus posibilidades, es una buena manera de empezar con mal pie.

En términos generales, tu presupuesto debe ser inferior al 30% de tus ingresos mensuales. Aquí es donde las cosas se ponen difíciles, especialmente con los mercados de la vivienda y el alquiler por las nubes. Si ganas el salario mínimo de 7,25 dólares por hora y trabajas a jornada completa, tu sueldo anual será de 15.080 dólares, es decir, un promedio de unos 1.257 dólares al mes. Aplicando la regla del 30%, sólo puedes permitirte pagar unos 377 dólares al mes de alquiler.

Si esto te parece poco prometedor, ya sabes cuál es exactamente el problema al que se enfrentan tantos adultos jóvenes hoy en día: no pueden permitirse vivir solos. Si tu sueldo por sí solo no es suficiente para cubrir el precio medio del alquiler en tu zona, tienes algunas opciones. La más popular es alquilar con amigos o compañeros de piso y que todos contribuyan al pago mensual. Esto puede hacer que el alquiler sea más asequible. Otra opción es plantearte vivir con tus padres o familiares mientras adquieres experiencia laboral, vas a la universidad o estudias un oficio para aumentar tu poder adquisitivo.

Para calcular tu presupuesto, toma tu salario por hora y multiplícalo por el número de horas que trabajas a la semana. A continuación, multiplica esa cifra por 52 (por 52 semanas al año para obtener el salario anual). Divide esa cifra por 12 para obtener tus ingresos medios mensuales. A continuación, multiplica tus ingresos medios mensuales por 0,3 para saber cuánto es lo máximo que deberías pagar de alquiler.

¿Qué es lo que quieres o necesitas?

Una vez que sepas cuánto puedes pagar, puedes empezar a considerar las comodidades que te importan. Empieza con una lista de todas las cosas que necesitas de tu residencia, como la distancia al lugar donde trabajas o vas a la tu centro de estudios y las comodidades no negociables.

- ✧ **El estacionamiento:** Si conduces, probablemente quieras un lugar que tenga parking disponible. Algunos complejos de apartamentos pueden tener plazas de estacionamiento asignadas. Otros pueden no ofrecer ningún tipo de espacio de estacionamiento en absoluto y requerir que se estaciones en la calle.

- ✧ **Barrio:** ¿Te gusta algún barrio en particular o prefieres evitar alguno? Echa un vistazo a las estadísticas de delincuencia en la zona que estás considerando, y pasa algún tiempo mirando alrededor de la zona en persona si puedes, para tener una buena idea de ella.

- ✧ **Servicios:** ¿Hay algún equipamiento que sea absolutamente imprescindible? Para muchos, electrodomésticos como lavavajillas y lavadoras y secadoras son imprescindibles. Otros pueden considerar esencial tener un gimnasio o piscina en el lugar.

- ✧ **Cercanía al trabajo o al colegio:** ¿Qué es lo más lejos que estás dispuesto a moverte de tu trabajo o centro de estudios? Recuerda que, aunque te resulte más barato vivir más lejos, puede que gastes tanto más en transporte que en realidad te salga más caro que vivir más cerca.

Haz una lista corta

Con tu lista de deseos y necesidades y con tu presupuesto, puedes empezar a buscar ofertas de alquiler. Haz una lista de tres a cinco alquileres que te gustaría ver, que te puedas permitir y que se ajusten a tu lista de necesidades. Puedes buscar alquileres de boca en boca, preguntando por ahí si alguien sabe de alguna vacante, o por Internet. Echa un vistazo a las empresas locales de administración de propiedades para ver si tienen algo que se ajuste a tus necesidades.

Visita de los apartamentos

Ponte en contacto con los apartamentos de tu lista y pregunta si puedes concertar una visita. Es muy recomendable que nunca alquiles un piso sin haberlo visto antes, porque puede haber problemas que no resulten obvios en las fotografías online. Tómate tu tiempo para visitar las viviendas y los barrios y, si puedes, lleva también a un adulto de confianza con experiencia para que eche un vistazo a todo.

Solicitud

Una vez que hayas elegido un apartamento que se ajuste a tu presupuesto y a tus necesidades, es hora de que presentes tu solicitud. Ten en cuenta que la mayoría de los pisos tienen tasas de solicitud no reembolsables para cubrir la comprobación de antecedentes, y que presentar la solicitud no es garantía de que te den la plaza, sobre todo en zonas con mucha competencia. Si tu solicitud es aceptada, asegúrate de revisar detenidamente el contrato de alquiler antes de firmarlo.

Resumen del capítulo

Conseguir tu primera vivienda probablemente te resulte un poco abrumador al principio. Después de todo, tienes que averiguar qué necesitas y qué puedes permitirte y, a continuación, encontrar un lugar disponible que te convenga. Puede que sea con compañeros de piso o puede que te encuentres solo por primera vez en tu vida. En cualquier caso, estos consejos pretenden facilitarte el proceso. ¡No olvides que siempre puedes pedir ayuda a las personas de tu entorno!

Y, una vez que tengas tu propio hogar, podrás experimentar algo nuevo: gestionar tu dieta. Desde la cocina hasta la preparación de las comidas, en el próximo capítulo te sumergirás en todo lo que necesitas saber.

CAPÍTULO 2

COCINAR Y PLANIFICAR LAS COMIDAS

Todos necesitamos comer en algún momento. Una vez que te hayas instalado en tu nuevo hogar, esa responsabilidad recaerá sobre ti. O puede que tengas compañeros de piso y decidan repartirse las responsabilidades. En cualquier caso, ya no hay mamá ni papá que se ocupen de esto por ti, así que es hora de que te sientas cómodo en la cocina si aún no lo estás.

Yo tuve compañeros de piso y nos turnábamos para cocinar y hacer la limpieza varias noches. También he tenido compañeros de piso en los que cada uno era responsable de alimentarse y limpiar lo que ensuciaba después de usar la cocina. Antes de mudarte con tus compañeros de piso, es importante que establezcan las expectativas para ponerse de acuerdo. ¿Habrá artículos de libre uso para todos? ¿Tendrán diferentes estantes en el frigorífico y los armarios para la comida? Todo esto hay que tenerlo en cuenta.

Luego viene la planificación de las comidas, la compra y el mantenerte satisfecho, de ser posible con alimentos saludables.

Planifica tus comidas

Planificar las comidas es una de esas cosas que parecen intimidantes, pero es mucho más fácil de lo que la mayoría de la gente piensa. Se trata de establecer un calendario con lo que vas a comer y cuándo, y asegurarte de que tengas todos los ingredientes a mano. Esto puede ayudarte mucho si eres el tipo de persona que se siente abrumada por las opciones y no sabe qué preparar, por lo que acaba optando por pedir comida a domicilio o comprar algo rápido, lo que puede suponer un gran gasto para tu presupuesto.

Pasos para planificar tus comidas

Planificar las comidas es tan fácil como seguir cuatro sencillos pasos que te mantendrán en el buen camino y te ayudarán a estirar tu presupuesto sin dejar de comer alimentos saludables que mantendrán tu cuerpo en funcionamiento. Si recurres a carbohidratos vacíos y aperitivos como las patatas fritas cuando estás ocupado y hambriento, no te estarás haciendo ningún favor. Volverás a tener hambre poco después. Con la planificación de las comidas, especialmente si las preparas con antelación, siempre sabrás lo que tienes disponible y tendrás algo fácil y sano para comer.

Paso 1: Tómate tu tiempo para planificar

Cada semana, dedica una o dos horas a planificar las comidas de la semana siguiente. Intenta planificar los desayunos, los almuerzos y las cenas. Si sabes que hay días en tu agenda en los que estarás ocupado, asegúrate de tener comidas rápidas para ellos. Anota las comidas y los ingredientes que necesitarás para prepararlas.

De paso, elige comidas que utilicen ingredientes similares para poder comprar a granel y abaratar los costos. Por ejemplo, puedes preparar un salteado de pollo una noche y fajitas de pollo la siguiente. De este modo, podrás utilizarlo todo sin desperdiciar nada.

Paso 2: Comprueba lo que ya tienes en la cocina

Una vez que tengas una lista de ingredientes, revisa tu cocina para ver lo que ya tienes. Asegúrate de comprobar las fechas de caducidad para asegurarte de que todo sigue en buen estado, y si tienes algún ingrediente que esté a punto de caducar, considera la posibilidad de modificar tu plan de comidas para incluir esos alimentos y evitar su desperdicio.

Paso 3: Asegúrate de que te gustan las comidas

La clave para seguir un plan de comidas es asegurarte de que te entusiasme comerlas. Si te decides por recetas en las que utilizas alimentos que realmente no te gustan mucho, estarás más tentado a pasarlas por alto y pedir comida a domicilio.

Paso 4: Cocina a granel y aprovecha las sobras

Elegir comidas para varias raciones puede facilitar el proceso de planificación. Y lo que es mejor, podrás aprovechar las sobras para comer al día siguiente. Asegúrate de que los platos que elijas cocinar a granel puedan recalentarse fácilmente.

Si te gustan los guisos copiosos o los platos que suelen dar lugar a varias comidas, también puedes congelarlos. Los alimentos como las tartas, los guisos, la lasaña, la salsa de espaguetis y los estofados, suelen congelarse bien, y podrás sacar raciones para las comidas o cenas para los días ajetreados.

Una cocina bien surtida es la clave

Parte del éxito en la planificación de las comidas consiste en contar con algunos productos básicos en la despensa y el frigorífico. Cuando te mudas por primera vez a tu primer hogar, hay algunas cosas de las que deberías abastecerte si forman parte de tu rotación habitual de alimentos. Por ejemplo:

Productos de despensa	Productos de frigorífico	Productos de congelador
Arroz y cereales	Leche	Carnes congeladas
Pasta	Mantequilla	
Embutidos	Queso	Verduras congeladas
Patatas laminadas	Huevos	
	Yogur	Patatas
Aperitivos	Frutas y verduras frescas	congeladas
Caldo vegetal y de pollo	Carnes	Frutas congeladas
	Condimentos	
Pimientos y aceitunas en conserva		
Sopas cremosas		

Aceites		
Harina		
Azúcar		
Sal		
Bicarbonato de sodio		
Polvo de hornear		
Condimentos		
Hierbas secas		

Una buena forma de hacer acopio de alimentos es comprar al por mayor cuando hay buenas rebajas y guardarlos en el congelador. Por ejemplo, puede que haya buenas rebajas en el pollo, así que compra más de lo que necesitarías normalmente y envasa al vacío los sobrantes para guardarlos en el congelador. Es una forma estupenda de reducir gastos.

Mejorar las comidas baratas

Aunque el ramen no es una comida equilibrada en sí misma, también es una de esas comidas a las que recurren los adultos jóvenes con regularidad. Al fin y al cabo, es barato, llena y, además, puede ser bastante sabroso. Lo entiendo. Yo también he comido fideos instantáneos durante años.

Cuando se opta por comidas baratas, no hay razón para no mejorarlas un poco. Añade unas verduras mixtas congeladas, un huevo duro y un poco de pollo, y tendrás una comida nutritiva. También puedes hacer esto con otras comidas, como añadir verduras a la pasta o hacer arroz frito con las sobras.

Consejos de planificación de comidas para jóvenes adultos

Si estás planificando tus comidas semanales e intentas ceñirte a un presupuesto estricto, tienes algunas opciones. Estos son algunos de mis consejos probados y verdaderos que utilizo para mantener mis costos de alimentos bajos sin sacrificar mucho en el departamento de calidad.

Compra teniendo en cuenta los anuncios semanales y los cupones

Cuando te sientes a planificar la comida, revisa todos los anuncios y cupones semanales de la tienda o tiendas en las que piensas comprar. Puede que te des cuenta de que ciertas carnes están de oferta en determinados momentos del mes o que encuentres ofertas increíbles en productos frescos que puedes aprovechar para incluir en tu plan de comidas. Puede que incluso consigas añadir algo de carne a tu reserva si planificas en consecuencia.

Estira las proteínas

Especialmente en EE.UU., existe la idea de que las proteínas tienen que ser la parte principal de una comida. Aunque planificar en torno a una proteína puede ser útil, no tiene por qué ser el plato principal. Por ejemplo, en lugar de hacer burritos con mucha carne picada, puedes cortar la carne con una lata de alubias negras enteras para que rinda más.

Incorporar proteínas a guisos o platos de pasta también puede ayudar a que rindan más. La carne, en particular, es cara, pero si la mezclas con otros alimentos, podrás sacarle más partido.

Busca alimentos que te llenen

La mayor parte de tu dieta debe consistir en alimentos que te llenen. Cuando hagas la compra, busca los alimentos naturales y nutritivos que se encuentran en el perímetro de la mayoría de las tiendas de comestibles. Los pasillos centrales suelen estar llenos de otros alimentos que no te saciarán tanto. En la medida de lo posible, limítate a las zonas de productos frescos, carne, productos lácteos y cereales integrales.

Cuando tengas hambre, consume alimentos saciantes como frutos secos, verduras frescas y frutas. Combina un carbohidrato con una grasa saludable para aumentar la sensación de saciedad. Al fin y al cabo, cuando te sientas satisfecho con alimentos sanos, no tendrás que recurrir a tantos tentempiés, que pueden salirte muy caros.

Cocina en casa siempre que sea posible

El hecho de que decidas planificar tus comidas no significa que no puedas comer fuera de vez en cuando. Pero querrás concentrarte en tus comidas en casa, lo que te proporcionará comidas saludables sin arruinarte económicamente.

Contar con alimentos fáciles de preparar para las mañanas más ajetreadas

Lo entiendo, las mañanas son ajetreadas. Cuando era más joven, solía saltarme las comidas de la mañana. ¿Por qué molestarme en comer si tengo que salir corriendo cuando desayunar significa levantarme más temprano? ¿Por qué no tomar un café y un bollo en mi cafetería favorita de camino? ¿Por qué no simplemente tomar algo en algún comedor? El problema es que esto te resultará caro rápidamente.

El desayuno es la comida más importante del día. Estabiliza el nivel de azúcar en sangre, lo que puede ayudarte a sentirte más alerta y con más energía durante el día, lo que también reduce las posibilidades de que caigas en la tentación de tomar un bocadillo poco saludable por la tarde.

Te recomiendo que tengas a mano algunos alimentos fáciles de preparar para que puedas tomar un desayuno completo cada vez que tengas prisa. A mí me encanta tener en el congelador burritos y sándwiches caseros para el desayuno, así que lo único que tengo que hacer es ponerlos en un plato y calentarlos un minuto mientras me preparo el café. Me ahorra dinero y me mantiene satisfecha y saciada durante toda la mañana.

Resumen del capítulo

La comida es una de las necesidades más básicas, y pensar en ella será probablemente una parte muy importante de tu vida en el futuro inmediato. Por este motivo, la planificación de las comidas puede ser de gran utilidad, ya que elimina la necesidad de pensar en la comida. Si dedicas el mínimo tiempo a manipular y planificar la comida, podrás dedicarlo a otras cosas importantes, como las tareas domésticas y la organización.

CAPÍTULO 3

LIMPIEZA Y ORGANIZACIÓN

Una de las mayores sorpresas que me llevé cuando me mudé a mi propia casa fue lo mucho que costaba mantenerla limpia. Un buen programa de limpieza es fundamental para mantener un entorno limpio, y eso requiere disciplina. Cuando me mudé a mi propio piso, me di cuenta de que mis padres hacían mucho más de lo que yo pensaba. Aspiraban y fregaban el suelo. Mantenían los baños limpios y el salón organizado. Aunque yo tenía tareas de las que era responsable, eran insignificantes en comparación con el mantenimiento regular de una casa.

La mejor manera de mantener tu casa limpia es programar las tareas diarias, semanales y mensuales para saber qué tienes que hacer y cuándo. Esto ayuda a mantenerte responsable y crea una rutina en la que se cumple con la limpieza.

Un lugar para cada cosa

Cada vez que lleves algo a casa, debes asignarle un lugar específico. Es una de las formas más sencillas de evitar el desorden. Si no tienes sitio para algo, probablemente no deberías traerlo a casa. Cuando termines de usar algo, devuélvelo a su sitio.

Si te lleva cinco minutos, hazlo inmediatamente

¿Cuántas veces ensucias algo y te dices que lo limpiarás más tarde? Es fácil caer en esta trampa, pero todas esas pequeñas tareas rápidas pueden acumularse con el tiempo hasta que lo que debería haber sido una limpieza fácil, se convierte en la necesidad de una limpieza a fondo o un fregado más exhaustivo de una zona. Por ejemplo, si se te cae algo en la encimera de la cocina, puedes decirte a ti mismo que lo limpiarás cuando friegues los platos. Claro, no es gran cosa, pero si haces eso con todos los pequeños desastres que haces a lo largo del día, se te acumularán varias tareas lo que te supondrá una sesión de limpieza más larga.

La regla que yo aplico y que enseño a mis hijos, es que si una tarea de limpieza sólo lleva cinco minutos o menos después de ensuciar, hay que hacerla inmediatamente. Si se te cae el café, límpialo enseguida. Al hacer las pequeñas tareas en cuanto surgen, ayudas a mantener la limpieza de tu hogar, de modo que tu rutina de limpieza se mantiene constante.

Establece un horario de limpieza regular

Para algunos jóvenes adultos, establecer un horario de limpieza puede recordar demasiado a las tablas de tareas, pero de eso se trata. La tabla de tareas ayuda a que todo se haga a tiempo y a que nada se escape. En mi casa, dividimos las tareas en tres categorías.

Diarias	Semanales	Mensuales
Hacer la cama	Fregar baños	Limpiar zócalos
Lavar los platos	Pasar la mopa	Limpiar interruptores de luz
Limpiar la encimera	Aspirar	Limpieza a fondo de electrodomésticos
Ordenar el desorden	Lavar ropa de cama	Sustituir filtros
Sacar la basura/ reciclaje	Limpiar la nevera	Aspirar debajo de los muebles
	Limplar superficies	Limpiar ventanas y rieles
		Limpiar cubos de basura

Por supuesto, puede que también tengas que hacer otras tareas, como limpiar la caja del gato, cambiar el agua del acuario, regar las plantas o trabajar en el jardín. Hazlo cuando sea necesario.

A partir de ahí, tienes varias opciones. Puedes designar un día a la semana como tu día de limpieza profunda o puedes elegir hacer una o dos tareas semanales cada día. Por ejemplo:

- ✦ Domingo: Limpiar la ropa de cama y vaciar la nevera
- ✦ Lunes: Tarea mensual
- ✦ Martes: Tarea mensual
- ✦ Miércoles: Tarea mensual
- ✦ Jueves: Limpiar el polvo de las superficies
- ✦ Viernes: Fregar y aspirar
- ✦ Sábado: Fregar los baños

Si añades algunas tareas mensuales en los días que no tienes tareas semanales que completar, puedes repartirlas a lo largo del mes para no verte abrumado en uno o dos días intentando completar todo lo que tienes en la lista.

Resumen del capítulo

Mantener la casa ordenada puede hacer maravillas por su salud mental, y no cuesta mucho. Seguir estos consejos y establecer un calendario, puede ayudarte a mantener tu casa en perfecto estado, hasta que algo vaya mal y tengas que arreglarlo. Por eso, en el capítulo siguiente te explicamos todo lo que necesitas saber sobre el mantenimiento de tu hogar y qué reparaciones deberías dejar en manos de profesionales.

CAPÍTULO 4

MANTENIMIENTO Y REPARACIONES DEL HOGAR

La primera vez que tuve un apartamento, pensé que todo estaría solucionado. Al fin y al cabo, para eso está el servicio de mantenimiento, ¿no? Bueno, hay un montón de cosas de mantenimiento de las que el propietario del apartamento no es responsable. Sí, repararán problemas importantes de fontanería, electrodomésticos estropeados y se asegurarán de que el entorno sea habitable. Tendrás que saber cuáles son tus responsabilidades y de qué es responsable tu casero. La mayor parte de esto estará estipulado en el contrato de alquiler, donde se indica lo que tienes que hacer tú.

Más allá de los casos en los que no debes hacer tú mismo las reparaciones, hay varios problemas comunes con los que probablemente te encuentres en un momento u otro y que tendrás que ser capaz de reparar por tu cuenta.

Cuándo no hacer tú mismo las reparaciones

Algunas reparaciones son importantes y no son responsabilidad tuya. En concreto, se trata de cuestiones de habitabilidad, problemas de seguridad o reclamos de emergencia.

- ✧ **Problemas de habitabilidad:** Si tienes un problema que hace que el entorno sea inhabitable, como problemas con el sistema eléctrico, la calefacción, el aire acondicionado o la fontanería, por lo general son preocupaciones de las que se encargará el servicio de mantenimiento. Otros problemas podrían ser los electrodomésticos defectuosos y las plagas.

- ✧ **Problemas de seguridad:** Los problemas de seguridad pueden incluir problemas con las alarmas de humo, cerraduras o detectores de monóxido de carbono. Si bien es posible que tengas que hacer reemplazos de baterías en las alarmas, el propietario tiene que asegurarse de que estos dispositivos funcionen correctamente. Del mismo modo, es necesario mantener toda la propiedad. Si hay árboles en el exterior que parecen inestables, por ejemplo, el propietario tiene la obligación de preservarlos.

- ✧ **Requerimientos de emergencia:** Algunos problemas de emergencia también justifican una llamada de auxilio al servicio de mantenimiento. Estos incluyen fugas de gas, inundaciones, fugas de agua o moho. Si detectas estos problemas, debes ponerte en contacto con mantenimiento para que se ocupen de la situación.

Cómo desatascar un desagüe

Un desagüe atascado puede hacer que tu rutina diaria se detenga, sobre todo si está en la cocina. Sin embargo, también pueden producirse otros atascos, como en el inodoro o la bañera. Por suerte, hay muchas formas sencillas de arreglar un atasco sin tener que esperar a que llegue el servicio de mantenimiento.

Utiliza un destapacaños

Un destapacaños se utiliza más comúnmente para un retrete pero puede también ser útil en otros drenajes. Sólo asegúrate de que el desatascador que usas en la cocina no se comparta con el del inodoro o asegúrate de que esté bien desinfectado antes de usarlo. Estos desatascadores empujan el agua hacia la tubería de desagüe para eliminar el atasco y funcionarán bien en muchos casos.

Utiliza una serpiente de fontanería

Una serpiente de fontanería o una barrena es un cable largo y flexible que se puede utilizar para empujar el desagüe y extraer los atascos más importantes que no se pueden desatascar con un desatascador. En la mayoría de los casos, basta con introducir el extremo enrollado en el desagüe y girar el mango hasta que se enganche en algo. A continuación, gírala para atrapar el atasco o deshacerlo. Vuelve a girar la manguera para ver si has sacado algo y, a continuación, enjuaga el desagüe con agua caliente. Si el desagüe sigue estando lento, puedes repetir el proceso con la serpiente o utilizar un desatascador líquido para eliminar químicamente el atasco.

Utiliza un desatascador líquido

Los desatascadores líquidos son productos que se compran en la tienda y que se vierten en el desagüe para descomponer químicamente el atasco. Son estupendos para desatascar los desagües, tanto de pelos como de grasa, sobre todo en zonas de difícil acceso, como las bañeras, pero también pueden ser peligrosos si entran en contacto con la piel. Asegúrate de seguir las instrucciones del envase del producto para desatascar el desagüe y ten cuidado de no salpicarte con él.

Limpieza de sifones del fregadero

También puedes eliminar un atasco quitando el sifón del fregadero y retirando manualmente lo que lo esté obstruyendo. Sin embargo, esto también puede ser engorroso, y tendrás que tener cuidado de tener un cubo o algún otro recipiente grande listo para recoger el agua atascada en el interior.

El sifón P es el tubo en forma de U que hay debajo del fregadero y está diseñado para evitar que los malos olores del alcantarillado salgan por las tuberías. Normalmente se hace con un retén de agua, lo que significa que en cuanto lo quites, el agua se derramará.

Para limpiar tu sifón, necesitarás un cepillo de alambre flexible, así como unos alicates o una llave ajustable, dependiendo de la disposición de tu tubería. Si te cuesta visualizar los pasos que se indican a continuación, hay decenas de vídeos en Internet que también pueden guiarte paso a paso por el proceso de reparación.

1. Cierra el grifo del agua y recuerda que, aunque el grifo esté cerrado, seguirá saliendo agua una vez que quites el sifón.

2. Muchos sifones de tipo "p" se pueden quitar con la mano. Gira las tuercas grandes que sujetan el sifón al resto de la tubería hasta que se aflojen. Si está

apretada, utiliza una llave inglesa o unas tenazas. Prepárate para recoger el agua porque empezará a derramarse en cuanto se afloje la tuerca.

3. Una vez que hayas quitado el sifón, puedes limpiarlo sacando los posibles atascos. Si es necesario, utiliza un cepillo de alambre para forzar cualquier atasco a través del otro extremo.

4. Vuelve a colocar la tubería en su sitio y aprieta de nuevo las tuercas. Utiliza la llave inglesa o las tenazas si es necesario para conseguir un sellado bien firme. A continuación, deja correr el agua durante 15-20 segundos para asegurarte de que no haya ninguna fuga por las tuercas. Si hay fugas de agua, cierra el grifo y aprieta las tuercas antes de volver a probarlo.

Limpieza del triturador de basura

¿Tu triturador de basura huele mal? Este es uno de esos electrodomésticos que querrás limpiar al menos una vez al mes, pero es preferible hacerlo cada semana o cada dos semanas. Mientras que los trituradores de basura ven una gran cantidad de agua que bombea a través de ellos, hay áreas que no son fáciles de limpiar cuando se utiliza, y eso es lo que tendrás que limpiar.

Puede parecer aterrador meter la mano dentro de un aparato que existe sólo para descomponer alimentos, pero puedes eliminar el riesgo simplemente desconectando la alimentación del aparato en la caja del disyuntor. Antes de empezar, asegúrate de pulsar el interruptor para ver si el triturador se ha desactivado. Si aún se enciende, apágalo de nuevo y podrás comenzar el proceso de limpieza.

Necesitarás:

- ✧ una esponja de cocina
- ✧ un tapón de fregadero
- ✧ jabón para platos
- ✧ ½ taza de bicarbonato de sodio
- ✧ 1 taza de vinagre
- ✧ cubitos de hielo
- ✧ 1 taza de sal gruesa
- ✧ agua
- ✧ guantes de goma (si quieres)

Una vez que tengas las herramientas a mano y el aparato apagado (¡esto es lo suficientemente importante como para repetirlo!), es hora de fregar.

1. Ponte los guantes si quieres tener las manos limpias y, a continuación, toma la esponja y échale jabón de fregar. En primer lugar, frota el deflector, que es la pieza de goma que se introduce en el desagüe y evita que los alimentos salten hacia arriba y salgan por el desagüe al utilizar el triturador. Frótalo a fondo, enjuagando la esponja con regularidad para deshacerte de toda la mugre acumulada.

2. Utiliza la esponja para limpiar la cámara de trituración, frotando las paredes alrededor de la parte superior y los lados y, una vez más, enjuagando con frecuencia hasta que dejes de ver suciedad en la esponja. Esto es suficiente para un fregado semanal de tu triturador, pero si está muy apestoso o ha pasado mucho tiempo desde la última vez que lo limpiaste a fondo, querrás seguir limpiando.

3. Vierte el bicarbonato de sodio por el desagüe y luego sigue lentamente con el vinagre. Coloca el tapón de desagüe sobre el desagüe para mantener toda la espuma dentro del triturador de basura, donde hará su trabajo. Déjalo actuar durante al menos 10 minutos. Mientras esperas, vuelve a encender el triturador y, una vez transcurrido el tiempo, enjuaga el desagüe con agua caliente mientras el triturador está en funcionamiento.

4. Apaga el triturador y llena el desagüe con cubitos de hielo. Vierte la taza de sal gruesa y pon el triturador en marcha para triturar el hielo y la sal. Esto eliminará cualquier resto de suciedad. Una vez que el hielo esté triturado, deja correr un poco de agua caliente para lavarlo todo, y lu triturador de basura debería oler a fresco.

Cómo limpiar lavadoras y secadoras

Las lavadoras, en particular, pueden empezar a oler mal si no las cuidas bien. El cuidado de éstas cambiará en función de si tienes una lavadora de carga superior o frontal. Las lavadoras de carga frontal tienden a acumular moho dentro de la puerta. La forma más fácil de evitar que apesten, es retirando rápidamente la ropa mojada de ellas y asegurarte de dejar la puerta abierta cuando no estén en uso para que se sequen.

Si tu lavadora de carga frontal empieza a apestar, puedes limpiarla con una mezcla de solución de lejía y agua 1:9 y un cepillo pequeño, como un cepillo de dientes. A partir de ahí, el proceso de limpieza de cualquier acumulación de residuos es el mismo, tanto en los aparatos de carga superior como en los de carga frontal.

Para limpiarlo, deberás ejecutar un ciclo de lavado en caliente con una taza de lejía en el ciclo de limpieza largo. A continuación, ejecuta un segundo ciclo con agua caliente y dos tazas de vinagre. Déjalo reposar y ejecuta otro ciclo de limpieza largo. Por último, realiza un ciclo largo sólo con agua caliente.

Para mayor seguridad, asegúrate de que el primer lavado que hagas después de blanquear la lavadora sea sólo de ropa blanca. Yo lo he aprendido por las malas, después de que mi camisa rosa favorita se convirtiera en una sombra de lo que fue, cubierta de manchas de lejía.

Las secadoras no necesitan una limpieza tan a fondo, ya que sólo se utiliza ropa limpia, pero pueden acumular pelusas. Asegúrate de quitar el filtro de pelusas y limpiarlo antes de cada carga de ropa para evitar que se acumulen pelusas en el conducto. ¡Esto podría suponer un riesgo de incendio!

Intenta colocar una manguera de aspiradora en el colector de pelusas para aspirar las pelusas restantes y, a continuación, limpia el tambor con un detergente suave. Si puedes, limpia también el tubo de escape de la parte trasera de la secadora. Afloja la abrazadera de la parte trasera y saca con las manos toda la pelusa que puedas. También puedes introducir la manguera de la aspiradora para aspirar las pelusas restantes.

Cómo limpiar el lavavajillas

Puede que no lo sepas, pero tu lavavajillas también necesita una limpieza frecuente. Sí, ¡el aparato que higieniza tu vajilla puede ensuciarse! Si has notado que tu lavavajillas no lava tan bien como antes o que desprende olores extraños, es muy probable que necesites limpiar el filtro. La buena noticia es que suele ser un proceso de limpieza sencillo y, con unos diez minutos de trabajo activo, podrás dejarlo como nuevo.

Te vendrá bien disponer de productos de limpieza para lavavajillas o de bicarbonato de sodio y vinagre para poder deshacerte de cualquier resto de grasa o restos de jabón adheridos al aparato.

1. Retira las rejillas, los porta utensilios y el filtro del lavavajillas. Si no estás seguro de cómo hacerlo, busca el modelo en Internet o consulta el manual de instrucciones. El filtro, en particular, probablemente tendrá un aspecto bastante asqueroso si hace tiempo que no lo limpias. Friega el filtro para eliminar cualquier resto de comida, suciedad o moho que se haya podido acumular y, a continuación, sumérgelo en vinagre y agua tibia mientras terminas de fregar.

2. Limpia todo lo que puedas ver, incluidos los brazos aspersores, las paredes laterales y las esquinas donde pueda haber suciedad. Utiliza un cepillo de dientes o un palillo para sacar los restos más difíciles.

3. Vuelve a colocar el filtro, las rejillas y los porta utensilios en la máquina y utiliza un producto de limpieza para lavavajillas siguiendo las instrucciones o coloca un bol con una taza de vinagre en el fondo del lavavajillas. Pon en marcha el ciclo (¡ciclo de higienización si lo tienes!).

4. Después del ciclo de vinagre, retira el bol y echa una taza de bicarbonato de sodio en el fondo. Esto desodorizará el lavavajillas y también eliminará

cualquier suciedad que se haya podido quedar pegada. Pon un ciclo exprés con el bicarbonato de sodio y ¡listo!

Cómo sustituir un filtro de aire

El filtro de aire debe cambiarse con frecuencia, cada dos meses aproximadamente, o más a menudo si tienes mascotas o vives en un lugar seco y polvoriento. Esto suele ser una parte del mantenimiento que se espera que hagas tú mismo. Es posible que tengas un filtro reutilizable que haya que aspirar de vez en cuando o que tengas que cambiarlo tú mismo. Para cambiarlo, sigue estos pasos:

1. Localiza la ubicación o ubicaciones de tu filtro de aire. Es posible que haya más de uno que deba cambiarse.

2. Asegúrate de que conoces el tamaño correcto y adquiere uno nuevo. Necesitarás la longitud, el ancho y el grosor correctos.

3. Cuando tengas el filtro nuevo, abre la carcasa y retira el viejo. Limpia el polvo o la suciedad de la carcasa y, a continuación, coloca el filtro nuevo en el conducto, prestando atención a las flechas. A continuación, cierra la rejilla y fíjala en su sitio.

Cómo cambiar las bombillas

Si tienes una bombilla que no se enciende o parpadea mucho, probablemente ha llegado el momento de cambiarla. Antes de que te pongas a bromear sobre cuántos jóvenes adultos hacen falta para cambiar una bombilla, debes saber que es muy sencillo. Lo único que tienes que hacer es asegurarte de que tienes a mano las bombillas adecuadas, comprobar que la luz está apagada y que la bombilla se ha enfriado, luego desenroscar la vieja y colocar la nueva.

Si tienes apliques de luz, es posible que primero tengas que desmontarlos y desenroscarlos para acceder a las bombillas. ¡Tampoco representa un problema! Mientras cambias las bombillas, considera la posibilidad de adquirir bombillas LED, que duran mucho más y además son de bajo consumo, lo que puede reducir tu factura de energía en general.

Resumen del capítulo

El mantenimiento básico de tu hogar puede ser realmente intimidante si nunca te han enseñado a hacerlo, pero no es tan terrible después de practicarlo. Mejor aún, saber cómo realizar el mantenimiento de los electrodomésticos, puede ayudarte a ahorrar algo de dinero en lugar de salir corriendo a sustituirlos a la primera señal de un problema o si se atasca algún desagüe. Practica, consulta vídeos tutoriales en Internet y confía en que puedes aprender y hacer estas cosas igual que los demás adultos. Al fin y al cabo, la persona más habilidosa de tu casa tampoco sabía nada de mantenimiento.

El dinero que te ahorres en reparaciones puedes destinarlo a tus ahorros. La siguiente sección del libro trata sobre cómo gestionar tus finanzas y mantener tus gastos bajo control mientras ahorras para el futuro.

PARTE 2

EDUCACIÓN FINANCIERA

La educación financiera te permite cometer pequeños o grandes errores. En cambio, ser un analfabeto financiero sólo provocará que esos errores sean nefastos y lamentables

–Anas Hamshari

CAPÍTULO 5

LAS FINANZAS SALUDABLES SON LA BASE DE UNA VIDA FELIZ

Una cosa que lamento no haber aprendido de niña o adolescente, es el valor de ahorrar dinero. Es fácil gastarlo cuando lo tienes en el bolsillo o en la cuenta bancaria, lo que hace que ahorrar sea aún más difícil cuando sabes que tienes suficiente dinero como para comprarte ese nuevo videojuego, teléfono, vestido o cualquier otra cosa que te haya llamado la atención. Sin embargo, como veremos en algunos capítulos más adelante, ahorrar dinero, sobre todo cuando puedes hacerlo crecer con los intereses, es una de las mejores cosas que puedes hacer por ti mismo, aunque tengas que renunciar a algunas cosas ahora, para tenerlo más adelante.

Aunque el dinero no puede comprar la felicidad en el sentido más estricto, según mi experiencia, es increíblemente difícil ser feliz sin él. Eso no significa que tengas que aspirar a vacaciones lujosas, marcas de diseño y salir de fiesta sin preocuparte por nada para ser feliz, pero sentirte seguro, es difícil si estás reuniendo hasta el último céntimo para pagar las facturas o comprar ese paquete barato de ramen para tener algo que comer durante el día. Tener tus finanzas en orden significa que puedes aliviar parte de ese estrés, y todo empieza con la elaboración de un presupuesto. Con un presupuesto podrás ahorrar dinero y gestionarlo mejor. ¿El resultado? Menos estrés y más tiempo para disfrutar, aunque tengas que saltarte ese evento divertido al que todo el mundo acude o no salgas a comer fuera tan a menudo como antes.

Aspectos básicos del presupuesto

Hacer un presupuesto es tan sencillo como cumplir con estos tres simples pasos: Controlar tus ingresos, tus gastos y gestionar lo que sobra. Lo difícil es encontrar la fuerza de voluntad para ceñirse al presupuesto. Personalmente, gestiono mi presupuesto semanal y mensualmente utilizando una hoja de cálculo con todos los gastos de mi familia en relación con los ingresos que recibimos. Una vez a la semana, cuento todos mis gastos y los cotejo con el presupuesto para asegurarme de que no me he pasado.

Por supuesto, mi familia se las arregla lo suficientemente bien como para que no tenga que contar hasta el último dólar o preocuparme por si puedo comprar algo, pero he descubierto que la única forma de mantener e incrementar la riqueza, es evitar que nuestro estilo de vida se desvíe, viviendo dentro de nuestras posibilidades. Eso significa que, a veces, les digo a mis hijos que no, que no iremos a cenar a un restaurante cuando ellos lo pidan. ¿Podríamos? Claro. ¿Deberíamos? No, si ya hemos gastado el dinero para diversión de la semana. Ser responsable y fiel al presupuesto es la mejor manera que he encontrado de ayudar realmente a mi familia económicamente, y es una habilidad que aprendí una década más tarde de lo debido.

Tu presupuesto te ayudará a saber exactamente de cuánto dinero dispones para distintas cosas. Si decides gastar menos en algunas categorías, es posible que puedas liberar dinero adicional para utilizarlo en otras cosas. Por ejemplo, si presupuestas 100 dólares para ropa cada mes pero sólo gastas 50, tienes 50 dólares libres que puedes utilizar en algo divertido o para ahorrar.

Seguimiento de tus ingresos

Los ingresos son todo el dinero que recibes y que puedes gastar de cualquier origen. Tanto si hablamos de dinero de un trabajo, de derechos de autor, del dinero que te devuelven de préstamos estudiantiles para gastos de manutención, del dinero en efectivo que te dan tus padres o de cualquier otra fuente, es importante que lo cuentes aquí para que sepas cuánto dinero disponible tienes. Empieza a anotar todas las fuentes de dinero que tienes, las cantidades que recibes y la frecuencia con la que las recibes.

Asegúrate de que, al contar el dinero procedente de trabajos, te basas en las cantidades de ingresos después de impuestos (netos), ya que es probable que los impuestos se deduzcan inmediatamente si trabajas en un empleo tradicional, o si eres autónomo, tendrás que pagar esos impuestos en algún momento.

Una vez que tengas esa cifra, aférrate a ella. Puede que no sea tanto como parece al principio cuando te des cuenta de cuánto dinero estás gastando. Por eso es tan importante hacer un seguimiento de tus ingresos.

Seguimiento de tus gastos

Lo siguiente es hacer un seguimiento de tus gastos. Anótalos o guárdalos en una hoja de cálculo para tenerlos siempre a mano. Esto incluirá los gastos recurrentes, como las suscripciones de streaming, las facturas de las tarjetas de crédito, el alquiler, los servicios públicos y los gastos del coche. También deberías incluir una cantidad fija que gastes en necesidades básicas como comida, ropa, cortes de pelo y otras partidas presupuestarias similares.

Parte de tu presupuesto debe incluir también ahorros para emergencias, reparaciones del coche u otros gastos imprevistos. También debe incluir una partida para el dinero que puedes utilizar para divertirte.

Con la hoja de cálculo preparada, ya puedes hacer un seguimiento de tus gastos. Cada una o dos semanas, deberías sentarte y comprobar todos los gastos de tu cuenta bancaria para ver dónde estás gastando dinero y luego deducirlo de las asignaciones mensuales para esas categorías.

Una vez hecho el presupuesto de gastos, también puedes empezar un plan para ahorrar dinero en efectivo.

Págate a ti mismo primero y acumula ahorros

Independientemente de quién seas o de cuáles sean tus planes de vida, tener ahorros te ayudará a hacer realidad esos objetivos. Si quieres comprarte una casa, necesitarás unos buenos ahorros para hacerlo. ¿Quieres viajar por el mundo? Necesitarás dinero para ello. Crear una empresa, pagar las deudas de los estudios y, en general, vivir la vida requieren dinero. Adquirir buenos hábitos de ahorro hoy, significa que será más fácil llegar a una situación cómoda más adelante.

Un ejemplo de ello es un estudio psicológico realizado en los años sesenta por el profesor de Stanford, Walter Mischel. Mischel estudió las reacciones de cientos de niños para determinar su capacidad de retrasar la gratificación. La prueba consistía en colocar a un niño en una habitación a solas con un malvavisco. Se le decía al niño que el adulto saldría de la habitación y que si no se comía el malvavisco, recibiría dos malvaviscos más tarde, pero que si decidía comérselo mientras el adulto estaba fuera, no recibiría el segundo malvavisco.

Algunos niños se comieron el malvavisco inmediatamente o en los 15 minutos que estuvieron solos. Muchos otros intentaron esperar, pero cedieron unos minutos después. Unos pocos niños consiguieron retrasar su impulso de comerse el malvavisco y consiguieron el segundo. Esto se llama gratificación retardada: estos niños esperaron para disfrutar el doble más tarde.

Y lo que es aún más interesante, los niños que fueron capaces de retrasar la gratificación también obtuvieron puntuaciones más altas en la prueba SAT, niveles más bajos de abuso de sustancias y obesidad, y puntuaron mejor en varias otras categorías que sus compañeros que no lo hicieron, incluyendo mejores respuestas al estrés y habilidades sociales. Tú podrías hacer lo mismo con el dinero.

Ahorrar dinero ahora para disponer de él más adelante

Si aprendes a retrasar la gratificación, obtendrás una gran cantidad de beneficios, y uno de ellos será en tu vida financiera. Si puedes rechazar la invitación a ese concierto o elegir comer en casa en lugar de salir, puedes acumular rápidamente ahorros en efectivo que otras personas despilfarran en gratificaciones instantáneas.

Cuanto antes empieces a ahorrar, menos de tus ingresos tendrás que ahorrar porque tu dinero tendrá más tiempo para crecer y acumular intereses, sobre todo si decides invertirlo. Se recomienda ahorrar entre el 10% y el 15% de tus ingresos para la jubilación si empiezas al final de la adolescencia o a principios de tus veinte.

Fondo de emergencia

Se considera que un fondo de emergencia está totalmente dotado cuando se tiene suficiente dinero para cubrir seis meses de gastos. Sí, probablemente sea mucho más de lo que esperabas, pero es importante tenerlo a mano. Nunca se sabe si enfermarás o te harás daño y tendrás que ausentarte del trabajo, o si perderás o dejarás un trabajo y necesitarás tiempo para conseguir uno nuevo. Esto también puede cubrir gastos importantes, como comprar un coche nuevo si de repente necesitas sustituirlo o cubrir el costo de los gastos médicos. Intenta destinar al menos el 10% de tus ingresos a ahorros de emergencia.

Consejos de gestión del dinero para jóvenes adultos

¿Buscas formas de administrar tu dinero y ahorrar más? Éstos son algunos de mis trucos probados para liberar dinero extra.

Olvídate de las deudas. Paga en efectivo

Pagamos mucho dinero en intereses de tarjetas de crédito, de lo que hablaremos en el próximo capítulo. Aunque sólo pagues el mínimo de una tarjeta de crédito, el precio final de tus compras se verá notoriamente inflado por los intereses. Paga en efectivo. Si no puedes pagarlo en efectivo en este momento y no es algo imprescindible, no lo compres.

Ajústate a tu presupuesto

Tu presupuesto te ayudará a asignar cada dólar que tengas para que sepas lo que puedes gastar y lo que ya está destinado a otra cosa. Si te ciñes a tu presupuesto, te asegurarás de alcanzar tus objetivos de ahorro cada mes.

Gestiona tu presupuesto de alimentación

Los comestibles son uno de los mayores gastos que tenemos. Según el Departamento de Agricultura de EE.UU., el costo promedio de los comestibles para una persona es de entre 300 y 540 dólares al mes, pero esto puede variar mucho según el lugar donde vivas y el tipo de dieta que sigas. Asegúrate de vigilar de cerca la línea presupuestaria y planifica tus comidas para ayudarte a gestionar tus gastos.

Considera los genéricos

Las marcas genéricas pueden ayudar a recortar muchos gastos adicionales. Esos pocos céntimos entre artículos pueden sumar rápidamente, y a menudo, los alimentos genéricos son tan buenos como los de marca. Averigua qué alimentos te satisfacen en su versión genérica y cómpralos para ahorrar dinero.

Cupones y membresías de tiendas de comestibles

Los cupones y las afiliaciones también pueden ayudar a reducir el gasto en alimentos. Asegúrate de consultar los anuncios semanales y los cupones digitales para ver lo que puedes ahorrar, así como de inscribirte en las membresías de descuento por fidelidad de las tiendas de comestibles en las que más compras.

Cancela las suscripciones y membresías que no necesitas

¿Realmente necesitas tres suscripciones de vídeo o música en streaming? ¿Realmente utilizas tu suscripción al gimnasio o a juegos en línea? Estas pequeñas suscripciones pueden ser fáciles de contratar, ya que son bastante baratas por sí solas, pero pueden acumularse rápidamente si no se tiene cuidado. Comprueba las suscripciones que tienes actualmente y mira si puedes eliminar alguna.

Transfiere dinero a tu cuenta de ahorros automáticamente

¿Sabía que muchos bancos te permiten transferir dinero a tu cuenta de ahorro automáticamente? Es una forma sencilla de perder dinero de vista inmediatamente antes de que llegue a tu cuenta corriente. Considera la posibilidad de hacerlo con tu depósito directo si así es como te pagan.

Sé prudente con los ingresos inesperados

Cada vez que recibas una ganancia inesperada, ya sea algo de dinero para unas vacaciones o un cumpleaños o si has conseguido ganar una suma de dinero de algún modo. También podrías llegar a heredar dinero, dependiendo de tu situación familiar, o recibir una gratificación en el trabajo. Sé prudente cuando recibas un ingreso inesperado. En vez de salir corriendo a gastarlo, considera la posibilidad de ahorrarlo o invertirlo.

Presta atención a los impuestos

Parte de ser adulto implica pagar impuestos. Si cuando declaras tus impuestos recibes un gran reembolso, es posible que tus impuestos no estén bien configurados.

Congelación de gastos

¿Has oído hablar alguna vez de la congelación de gastos? Es una especie de reto en el que no gastas nada de dinero extra. No compres nada que no sea esencial durante un mes y verás cuánto dinero ahorras.

Hazlo tú mismo

Aunque hay cosas que es mejor dejar en manos de profesionales, hay muchas que puedes hacer tú mismo, desde coser pequeños remiendos en la ropa hasta renovar muebles para darles un bonito lavado de cara.

Elige artículos de segunda mano

Comprar artículos de segunda mano es una forma estupenda de ahorrar el dinero extra que de otro modo se destinaría a comprar un artículo nuevo o embalado. Aunque algunas cosas deben comprarse nuevas por razones sanitarias, la mayoría pueden adquirirse en mercados de segunda mano como Facebook Marketplace o Craigslist.

Resumen del capítulo

Sacar el máximo partido a tu dinero consiste en estirarlo al máximo y acumular ahorros para estar preparado para cubrir cualquier gasto imprevisto que pueda surgir. Al administrar tu dinero, podrás controlar mejor cualquier deuda potencial que puedas acumular. En el próximo capítulo, hablaremos de cómo utilizar las tarjetas de crédito de forma segura y beneficiosa para tu bienestar financiero.

CAPÍTULO 6

PUNTAJE CREDITICIO, TARJETAS DE CRÉDITO Y DEUDAS

El crédito es una de esas cosas sin las que no se puede vivir, pero construirlo puede ser peligroso. Parte de su formación requiere que obtengas préstamos y tarjetas de crédito, pero si no eres inteligente a la hora de utilizarlos, harás más mal que bien.

Como joven adulto, lo más probable es que no tengas nada de crédito, o si lo tienes, probablemente será bastante malo a menos que tus padres te ayudaran a construirlo añadiéndote a cuentas de crédito cuando eras más joven para ayudarte a beneficiarte de sus puntuaciones. Desgraciadamente, la falta de crédito dificulta la obtención de una vivienda, el alquiler de un apartamento o la compra de un coche, si piensas recurrir a un préstamo. También puede ser difícil conseguir tarjetas de crédito, a menos que sepas dónde buscar.

Esto puede crear un bucle en el que no puedas sacar líneas de crédito que no te expongan a graves pagos de intereses, lo que significa que no puedes construir tu crédito fácilmente. Si eres como yo, caerás en la trampa de utilizar las tarjetas de crédito como una especie de puente entre lo que quieres y lo que te podrías permitir. No lo hagas. Una de las peores cosas que puedes hacer es endeudarte por lo que quieres y no puedes.

Puntuación crediticia

Si vives en EE.UU., tienes una puntuación crediticia rastreada por Experian, Equifax o TransUnion. Muchos otros países cuentan con programas similares de seguimiento de la solvencia crediticia que utilizan factores parecidos para calcular la puntuación.

En Estados Unidos, esta puntuación crediticia se determina teniendo en cuenta varios factores, entre los que se incluyen:

- ✧ **Deudas**: La cantidad que debes frente a cuánto crédito disponible tienes es un componente importante de tu puntuación crediticia. Si utilizas la mayor parte o la totalidad de tu crédito disponible, se asume que estás llegando a fin de mes con tu crédito porque no tienes suficiente dinero para cubrir tus gastos mensuales, lo que te convierte en una persona con mayor riesgo de impago en futuras cuentas de crédito.

- ✧ **Nuevos créditos:** se tiene en cuenta cuántas cuentas se han abierto recientemente. Las personas que han abierto recientemente varias cuentas de crédito suelen considerarse de mayor riesgo, por lo que varias cuentas nuevas pueden reducir tu puntuación.

✧ **Antigüedad del historial crediticio:** Este es un tema difícil para los adultos jóvenes, pero va a ser útil más adelante. Las puntuaciones de crédito se calculan en parte por el tiempo que has dispuesto de crédito, la antigüedad de tu cuenta más vieja y de la más nueva, y cuánto tiempo ha pasado desde que utilizaste las cuentas. La antigüedad de tu historial crediticio influye en el cálculo de tu puntuación.

✧ **Combinación de créditos:** Se refiere a los tipos de crédito y préstamos que tienes, como tarjetas de crédito, préstamos a plazos (como coches o préstamos estudiantiles), hipotecas y cuentas de compañías financieras.

✧ **Historial de pagos:** Este es uno de los mayores factores que se tienen en cuenta. Todos los pagos que hagas a tus líneas de crédito y préstamos se reportan, y si los haces con 30 días de retraso o más, serán marcas negativas en tu crédito.

Cómo juzgar tu puntuación crediticia

La mayoría de las puntuaciones crediticias oscilan entre 300 y 850, y esas puntuaciones se dividen en varias categorías que pueden darte una buena idea del estado de tu crédito. Éstas son:

- ✧ **Excelente:** 720-850
- ✧ **Bueno:** 690-719
- ✧ **Regular:** 630-689
- ✧ **Malo:** 300-629

No se empieza con una puntuación de crédito, la primera se calcula en base a tu uso del crédito una vez que abres tu primera línea de crédito. Para muchos adultos jóvenes, se trata de un préstamo estudiantil, pero también puede ser una tarjeta de crédito. Tu primera puntuación crediticia se calculará después de tener abierta al menos una cuenta de crédito y haber informado a una de las tres principales agencias durante seis meses. Una vez que tengas abierta tu primera cuenta, ¡haz que cuente! No corras a celebrar esa nueva y reluciente tarjeta Visa si no puedes permitirte pagarla.

¿Qué pasa si no pagas?

Si incumples un pago, ocurrirán varias cosas. En primer lugar, es probable que se te apliquen recargos por impago. En segundo lugar, si no lo pagas en un plazo de 30 días a partir de la fecha de vencimiento, es posible que figure en tu informe crediticio como impago, lo que afectará negativamente a tu puntuación. Algunos prestamistas no informan de los pagos atrasados hasta pasados 60 días de la fecha de vencimiento, pero aun así deberías pagar siempre tus facturas a tiempo. Los pagos atrasados permanecerán en tu informe crediticio durante siete años, por eso es tan importante evitarlos siempre que sea posible.

Tarjetas de crédito y deudas

Las tarjetas de crédito funcionan prestándote dinero para hacer compras. A cambio, contraes una deuda con el prestamista que deberás devolver con intereses. El importe de los intereses variará en función de las condiciones de la tarjeta que elijas. La gran mayoría de las tarjetas de crédito tienen un límite preautorizado en función de tu puntuación crediticia. Muchas tarjetas nuevas empiezan con unos pocos cientos de dólares, pero pueden llegar a miles a medida que mejore tu crédito.

Mantener un saldo en tu tarjeta de crédito significa que debes dinero incluso después de haber realizado el pago asignado, y a ese saldo se te cargarán intereses en función de la tasa anual equivalente (TAE) que acordaste al contratar la tarjeta. Muchas tarjetas utilizan una TAE variable que cambia con el tiempo, y un retraso de 60 días en el pago de la tarjeta, puede desencadenar una penalización de la TAE, que aumentará drásticamente lo que debes.

Algunas tarjetas de crédito también conllevan comisiones, como cuotas mensuales o anuales. Aunque estas tarjetas suelen ser más fáciles de obtener con poco o ningún crédito, también son increíblemente caras y básicamente estás pagando por el privilegio de tenerla.

Otras posibles comisiones que puedes acumular son las de transferencia de saldo, por las que pasas el saldo de una tarjeta a otra, las de exceso de límite cuando superas el límite de crédito de la tarjeta, o las de morosidad por impago.

Sin embargo, no todas las tarjetas de crédito son malas. Muchas de ellas tienen ventajas que pueden hacer que merezca la pena utilizarlas con prudencia, por supuesto. Las tarjetas de crédito suelen ser más seguras que el dinero en efectivo, ya que cuentan con garantías de responsabilidad civil. A menudo es más fácil reclamar un cargo realizado con tarjeta de crédito que con tarjeta de débito. Otras ventajas que ofrecen son:

- ✧ Son fáciles de usar.

- ✧ Algunas ofrecen recompensas y devoluciones en efectivo.

- ✧ Aumentan la puntuación crediticia si se utilizan correctamente.

Por otro lado, antes de sacar una tarjeta de crédito y usarla, ten en cuenta los contras:

- ✧ Los intereses y las comisiones se acumulan cuando mantienes un saldo.

- ✧ Pueden dañar tu puntuación de crédito si mantienes un saldo alto o no pagas.

- ✧ Facilitan el endeudamiento.

¿Cuándo deberías utilizar una tarjeta de crédito?

Por muy peligroso que pueda resultar el uso de una tarjeta de crédito, eso no significa que no debas utilizar nunca la tuya. Aprender a utilizar las tarjetas de crédito de forma responsable, es lo mejor que puedes hacer por tu puntuación crediticia.

Para acceder a una bonificación puntual

Algunas tarjetas de crédito ofrecen incentivos para que las utilices, como una bonificación única si gastas una determinada cantidad de dinero en los primeros meses de apertura de la cuenta. Si tienes una oferta de este tipo, utilizar una tarjeta de crédito para tus gastos mensuales, como comida y facturas, te permite pagarla por completo con el efectivo que utilizarías normalmente, evitando los intereses y accediendo a la recompensa.

Para obtener devoluciones en efectivo

Algunas tarjetas también ofrecen devoluciones en efectivo por tus compras. Si tienes una de esas tarjetas, al igual que con las bonificaciones únicas, puedes acumular puntos de devolución en efectivo. Algunas tarjetas pueden ofrecer hasta un 5% o 6% de devolución en determinadas compras, aunque suelen tener límites de consumo.

Por puntos de recompensa o millas de viajero frecuente

Otras tarjetas ofrecen puntos de recompensa o millas de viajero frecuente cuando las utilizas. Cuanto más gastes, más puntos acumularás, que podrás utilizar más adelante.

Para prevenir fraudes

Como ya hemos comentado, las tarjetas de crédito son mucho más fáciles de utilizar para luchar contra los cargos fraudulentos que cuando se paga con una tarjeta de débito o en efectivo. Por eso, tu tarjeta de crédito te ofrece una opción segura para pagar tus compras.

También se puede utilizar para hacer grandes pagos a proveedores o servicios técnicos. Si alguien ha hecho un trabajo de mala calidad, si has pagado con tarjeta de crédito, puedes anular el cargo y disponer del dinero cuanto antes. Si el trabajo es de mala calidad después de haberlo pagado en efectivo, corres el riesgo de tener que pasar meses luchando por recuperar tu dinero por la vía legal.

Para hoteles o coches de alquiler

Si piensas alquilar un coche o alojarte en un hotel, tendrás que utilizar una tarjeta de crédito. Esto es por si causas daños.

Deudas e intereses

Los préstamos y los saldos de las tarjetas de crédito se consideran deudas y suelen devengar intereses. Los tipos de interés de las tarjetas de crédito pueden variar mucho, pero la media ronda el 24%. Puede que no suene tan mal, pero puede llegar a ser aterrador rápidamente.

Supongamos que compras una nueva consola de videojuegos y accesorios por 500 dólares con una tarjeta de crédito con una TAE media del 24%. Si realizas el pago mínimo mensual de 35 dólares, ¿sabes cuánto tardarás en amortizarla?

Cuando la pagues por completo con los pagos mínimos, tardarás 17 meses. Al final, habrás pagado 82 dólares en intereses, que se sumarán al precio de la compra. ¿Vale la pena?

El interés es el precio de la deuda. Puede ser simple o complejo, y la mayoría de las tarjetas de crédito utilizan el interés compuesto, lo que permite que se acumule diariamente.

Interés simple

El interés simple asigna el interés al principio de un préstamo a un porcentaje establecido. Por ejemplo, a un préstamo de 100.000 dólares con un tipo de interés del 3% se le cargarían 3.000 dólares de intereses si se paga todo el prestamo en un año. Esto se calcula multiplicando el capital (el importe del préstamo) por el tipo de interés y por el número de años en que lo pagarás.

Interés compuesto

Lo más habitual, sobre todo con las tarjetas de crédito, es pagar un interés compuesto. Esto significa que pagarás intereses sobre los intereses devengados y sobre el capital. Cuando tienes que pagar intereses compuestos, pagas más a largo plazo porque el saldo adeudado crece mientras lo vas pagando. Parte de cada pago que haces se destina al principal, pero el resto se destina a pagar los intereses, lo que significa que no lo estás pagando tan rápido como probablemente pensarías.

Resumen del capítulo

Las tarjetas de crédito pueden parecer una fuente inagotable de dinero para divertirse, pero acumular deudas nunca es una buena idea. Incluso si realmente quieres algo, si no puedes pagarlo por completo, deberías esperar hasta poder hacerlo. Ahorra en intereses y salva tu puntuación crediticia utilizando el crédito con prudencia. Esto te ayudará a invertir y a planificar tu futuro, de lo que hablaremos en el próximo capítulo.

CAPÍTULO 7

INVERTIR Y PLANIFICAR PARA EL FUTURO

Cuando acabas de entrar en la edad adulta, es fácil pensar que te queda mucho tiempo antes de tener que empezar a preocuparte por la jubilación. Al fin y al cabo, tienes toda una carrera para acumular dinero para tu futura seguridad financiera, ¿verdad?

Pues bien, los años pasan mucho más rápido de lo que imaginas, y cuanto antes empieces a invertir en ti mismo y en tu futuro, más dinero tendrás, gracias a los mismos intereses que hemos explicado en el capítulo anterior. Cuando inviertes y ahorras, puedes ganar intereses, lo que permite que tu dinero trabaje para ti y crezca mientras está guardado. Tener una cuenta de ahorro tampoco es suficiente para que tu dinero crezca lo bastante rápido como para superar la inflación. Cada año, tu dinero tiene menos poder adquisitivo porque cada año la inflación hace subir los precios. En promedio, la tasa de inflación de Estados Unidos se sitúa en torno al 3,8%, aunque la pandemia de COVID-19 hizo que aumentara significativamente.

Esto significa que tus 100 dólares de un año valdrán 96,20 dólares de media al año siguiente. Si dejas tu dinero en una cuenta de ahorros, pierde valor año tras año, y el tipo de interés promedio de una cuenta de ahorros ronda el 0,39%. Esto es sólo una décima parte de la tasa de inflación, lo que significa que cuanto más tiempo permanezca tu dinero, aunque sea en una cuenta de ahorro, menos poder adquisitivo tendrás.

Hay formas de evitarlo, y aunque no voy a profundizar en estos temas, esto te dará una idea general de las opciones que existen. Estas opciones pueden ayudarte a acumular dinero de forma segura a lo largo del tiempo, y cuanto antes las configures, más tiempo podrán acumularse los intereses. Recuerda esto: un dólar que ahorres temprano te generará más que un dólar ahorrado más tarde en la vida, gracias al poder del interés compuesto.

Por ejemplo, supongamos que inviertes 1.000 dólares ahora mismo en una cuenta con una tasa de crecimiento del 5%. Así es como se capitalizará en los próximos 60 años:

Año	Valor total de la inversión
0	$1,000
1	$1,050
2	$1,102.50
3	$1,157.63
4	$1,215.51
5	$1,276.28

10	$1,628.89
15	$2,078.93
20	$2,653.30
30	$4,321.94
40	$7,039.99
50	$11,467.40
60	$18,679.19

Al examinar estas cifras, se puede ver que empiezan a dispararse rápidamente. Mira el crecimiento en términos de décadas:

Período (años)	Crecimiento
0–10	$628.89
10–20	$1,024.41
20–30	$1,668.64
30–40	$2,718.05
40–50	$4,427.41
50–60	$7,191.76

Si te jubilaras dentro de 50 años e invirtieras 1.000 dólares hoy, tendrías 11.467,40 dólares con un tipo de interés compuesto anual del 5%. Si esperaras 30 años e invirtieras 1.000 dólares, sólo tendrías 2.653,30 dólares dentro de 50 años en comparación. La inversión inicial sería la misma, pero esos 30 años adicionales de crecimiento compuesto suponen una gran diferencia. Por eso es tan importante invertir pronto. Cuanto más tiempo crezca su dinero, mayor será el crecimiento. Tres de las mejores formas de hacer crecer tu dinero son los seguros de vida (pero sólo del tipo adecuado), las inversiones y las cuentas para jubilarse.

Seguros de vida

Aunque el seguro de vida suele considerarse una forma de mantener a la familia en caso de fallecimiento, también es una excelente manera de generar dinero que podrás utilizar durante tu vida. Es una forma de inversión más lenta, pero también es la forma más segura de hacer crecer tu dinero si estableces la póliza correcta con la ayuda de un agente de seguros autorizado.

El seguro de vida puede ser a plazo o permanente. Las pólizas temporales son válidas durante un periodo de tiempo determinado y son más baratas. Pagas por ellas, pero no suelen acumular valor en efectivo y sólo pagan una indemnización por fallecimiento si mueres durante el periodo de vigencia. Son ideales para las familias preocupadas por llegar a fin de mes si fallecen mientras el cónyuge cría a los hijos, porque proporcionan una red de seguridad mientras los hijos menores están en casa.

Los seguros de vida permanentes suelen ser más caros, pero también permiten acumular un valor en efectivo que puedes pedir prestado o retirar en vida. Como el valor en efectivo no suele sumarse a la indemnización por fallecimiento que se paga, el dinero que inviertes y haces crecer, puede retirarse y utilizarse para pagar tu retiro, inversiones u otros gastos. Aún mejor, puedes retirar ese dinero en forma de préstamo para evitar pagar impuestos sobre este dinero.

Una consideración a tener en cuenta, sin embargo, es que si sobrefinancias estas pólizas de seguro de vida, pueden convertirse en un contrato de dotación modificado por el Servicio de Impuestos Internos (IRS), lo que puede crear obligaciones fiscales, lo que significa que tendrías que pagar impuestos al retirar el valor en efectivo.

Según un artículo publicado en 2023 por Nerdwallet, los tipos de pólizas de seguro de vida que puedes utilizar para invertir tu efectivo son las pólizas de seguro de vida entera o las pólizas de seguro de vida universal.

Seguros de vida entera

Las pólizas de seguro de vida entera son bastante sencillas. Tienen primas fijas (el importe que pagas al mes) y prestaciones por fallecimiento permanentes y garantizadas a los beneficiarios que designes. Esto significa que cuando mueras, el beneficiario designado recibirá un pago equivalente al valor de la póliza. Su valor en efectivo crecerá a una tasa fija establecida por la póliza, lo que significa que no fluctuará con el mercado.

Seguro de vida universal

El seguro de vida universal es más flexible y puede crecer más, pero la prestación por fallecimiento, las primas y el valor en efectivo no están garantizados. Pueden cambiar con el mercado, por lo que es una forma algo más arriesgada de aumentar el valor en efectivo. Por otro lado, puedes aumentar o reducir las primas y las prestaciones por fallecimiento dentro de ciertos parámetros si te das cuenta de que quieres pagar más o necesitas reducirlas.

Seguro de vida universal variable

El seguro de vida universal variable es un tipo de seguro de vida universal que te permite ajustar las primas y las prestaciones por fallecimiento a la vez que te da el control sobre cómo invertir cualquier valor en efectivo a través de subcuentas. El valor en efectivo crece en función de las opciones de las subcuentas y su rendimiento en el mercado, o la póliza de seguro puede ofrecer un tipo de interés fijo en función de la póliza.

Seguro de vida universal indexado

Siendo otro tipo de seguro de vida universal, el seguro de vida universal indexado ofrece una flexibilidad similar en los tipos de cobertura y valores. Sin embargo, el valor en efectivo devenga intereses de forma diferente con estas pólizas. En este caso, el crecimiento se basa en el rendimiento de los índices bursátiles. Es algo así como invertir en bolsa, de modo que cuando las condiciones del mercado son buenas, el valor en efectivo crece más rápidamente.

Sin embargo, a diferencia del mercado de valores, una póliza de vida universal indexada suele tener un nivel mínimo de interés, lo que significa que el valor en efectivo nunca crecerá por debajo de una cantidad establecida, que suele ser el 0%. Esto significa que cuando el mercado de valores se desploma, tu valor en efectivo estará protegido. Esto también incluye topes de interés, lo que significa que tu valor en efectivo nunca podrá acumular intereses a un tipo superior al establecido, aunque el mercado bursátil registre mejores resultados.

También existen otros tipos de seguros de vida, pero éstos son los principales por su valor en efectivo. Asegúrate de consultar a tu agente de seguros antes de tomar cualquier decisión. Ellos podrán ayudarte a entender los términos, responder a las preguntas que puedas tener y recomendarte los tipos de cobertura adecuados para ti.

Inversiones y cuentas de jubilación

Invertir dinero es arriesgado y no está garantizado, pero se suele utilizar para aumentar su valor en efectivo. Si inviertes con inteligencia, puedes aumentar las posibilidades de que tu dinero crezca. Algunas inversiones tienen beneficios fiscales, lo que significa que te ayudan a ahorrar dinero que de otro modo se gastaría en impuestos o te permiten invertir en ellas ingresos libres de impuestos, reduciendo tu obligación fiscal total.

Tipos de cuentas de inversión

Invertir tu dinero te ayudará a que crezca, y hay muchas opciones entre las que puedes elegir. Los planificadores financieros, los agentes de bolsa y los asesores de inversión, pueden ayudarte a revisar tus opciones y a tomar las mejores decisiones para ti y tu situación particular.

- ✧ **Rentas vitalicias:** Estos son productos de seguros que puedes utilizar para crear ingresos regulares al jubilarte. Algunos pueden tener impuestos diferidos.

- ✧ **Fondos de inversión:** Los fondos de inversión son gestionados por un profesional que agrupa bonos, acciones y otras inversiones que luego se dividen en participaciones y se venden a personas que quieren invertir.

✧ **Acciones:** Las acciones representan una participación en la propiedad de una empresa específica. Su valor sube y baja en función de los resultados del mercado o de la empresa en cuestión.

✧ **Bonos:** Cuando inviertes en bonos, pagas por prestar dinero a un emisor, como el gobierno o una empresa, y recibes pagos de intereses además de su valor nominal.

✧ **ETF:** Un fondo cotizado en bolsa, es una inversión que cotiza como una acción en bolsa, pero que también puede incluir índices sectoriales o paquetes de activos.

✧ **Planes de reinversión de dividendos:** Los DRIP te permiten reinvertir tus dividendos en efectivo en más acciones, en lugar de recibir dividendos en efectivo.

✧ **Inversiones en efectivo:** Los certificados de depósito (CD) y las cuentas de depósito, son inversiones a plazo en moneda nacional, te permiten invertir los ingresos a corto plazo en entornos de bajo riesgo a la vez que te permiten recibir intereses.

Tipos de cuentas de jubilación

Las cuentas de jubilación te permiten invertir tus ingresos para utilizarlos específicamente para la jubilación. Pueden ser utilizadas de manera efectiva, pero a menudo existen penalizaciones si intentas retirar los ingresos antes de tiempo. Estas son las más comunes que encontrarás:

✧ **Planes de beneficios definidos:** También conocidos como pensiones, estos planes son financiados por los empleadores, garantizando beneficios específicos basados en cuánto ganaste y cuánto tiempo trabajaste para una empresa. Sin embargo, no son muy comunes si no trabajas para el sector público.

- ✧ **401(k):** Los planes 401(k) están patrocinados por las empresas y los empleados aportan por ellos. El dinero suele descontarse de la nómina automáticamente y luego se invierte, y a veces incluso se iguala hasta una determinada cantidad cada año.

- ✧ **IRA tradicionales:** Las cuentas IRA son cuentas de retiro que te permiten diferir los impuestos sobre tus aportes. Esto te permite invertir más por adelantado porque puedes destinar a tu cuenta lo que habrías destinado a impuestos. Luego, cuando retires el dinero en la jubilación, tributarás según tu nivel de ingresos.

- ✧ **Las cuentas IRA Roth:** A diferencia de las IRA tradicionales, las IRA Roth no son deducibles de impuestos. Sin embargo, aparte de eso, funcionan igual que una IRA tradicional (Folger, 2022).

Especialmente si tienes una oferta de un empleador para igualar tus contribuciones a estas cuentas de jubilación, debes tratar de maximizarlas cada año con la mayor frecuencia posible para sacar el máximo provecho de ellas.

Resumen del capítulo

Invertir en el presente te proporcionará seguridad en el futuro. Cuanto antes empieces, más podrá crecer tu dinero hasta convertirse en lo que finalmente necesitarás. Nunca es demasiado pronto para empezar a pensar en la jubilación, y una vez que te hayas liberado del estrés financiero, podrás empezar a pensar en otras cosas, como en tus relaciones.

PARTE 3

LAS RELACIONES Y LA COMUNICACIÓN

La comunicación en una relación es como el oxígeno en la vida. Sin él, muere.

–Tony A. Gaskins Jr.

CAPÍTULO 8

DIFERENTES RELACIONES, MISMOS CIMIENTOS

Todos anhelamos tener relaciones significativas en nuestras vidas. Las amistades, las relaciones familiares, las parejas románticas e incluso las relaciones laborales, nos ayudan a satisfacer nuestras necesidades sociales y pueden hacer que nos sintamos realizados y seguros de nosotros mismos. Yo no sé dónde estaría en la vida sin mi familia o mis amigos, y estoy segura de que tú sientes lo mismo.

Pero las relaciones no son fáciles de mantener, y saber cómo detectar y abandonar una mala relación puede ser aún más difícil. Saber manejarte en las relaciones es una de las habilidades más importantes que puedes aprender. Parte de esta habilidad consiste en saber cómo comunicarte, de lo que hablaremos en el próximo capítulo. También es importante saber cómo fomentar y mantener esas relaciones. Al fin y al cabo, son calles de doble sentido.

No importa de qué tipo de relación se trate, todas deben basarse en la confianza mutua, la honestidad, la comunicación abierta y el respeto. Recuerda que mereces que te traten bien, y que el respeto es una condición humana básica, no algo que haya que ganarse.

Las relaciones deben hacerte sentir bien. Deben hacerte sentir escuchado y reconocido, y debes sentir que puedes ser tú mismo en ellas. Las que no te hacen sentir bien o las que muestran señales de alarma, podrían ser perjudiciales para tu salud mental. He tenido amistades tóxicas y sé lo mucho que pueden afectar a tu mente. Sé lo que es sentir que yo era el problema y que si cambiaba, podría disfrutar de la relación que quería con la otra persona. La verdad es que con ellos no existían las bases para una relación sana.

Los cimientos de una relación sana

Las relaciones de todo tipo son un trabajo duro. Sí, aunque parezca que es algo que debería ser sencillo, la realidad es que no lo es. Cuesta mucho esfuerzo mantenerlas, pero al final, el esfuerzo vale la pena. Habrá momentos en los que te pelees con tus seres queridos, y hablaremos de cómo resolver esos conflictos de forma saludable en el próximo capítulo. Sin embargo, independientemente de lo que ocurra en tu relación, estos cuatro factores deberían estar presentes. Siempre debes sentir que existe una base de honestidad, confianza, comunicación abierta y respeto, incluso en los conflictos.

Honestidad

La honestidad es donde brillan la transparencia y la autenticidad. Es lo que te permite contarle cualquier cosa a la otra persona sin miedo a que te juzgue o te rechace y lo que permite que la otra persona también acuda a ti. Es fácil caer en la tentación de la falta de sinceridad para evitar herir los sentimientos de alguien, pero no es una buena manera de abordar una situación. Puede ser perjudicial para la relación porque no estás siendo honesto.

La honestidad implica ser capaz de compartir lo que sientes y confiar esa información a la otra persona, generando intimidad. La intimidad tampoco se limita a las relaciones románticas. Tener intimidad con alguien es sentirse *cerca* de esa persona. Es estar conectado, apoyado y cómodo con la otra persona, y está presente en la mayoría de las relaciones personales en diversos grados. Sí, normalmente eres más íntimo con tu pareja romántica, si la tienes, pero compartir tus pensamientos y secretos con tu mejor amigo o con uno de tus padres, es otra forma de intimidad.

Confianza

La confianza en las relaciones te permite sentirte seguro y a salvo con la otra persona. Sabes que no te hará daño ni te traicionará. Como resultado, puedes ser vulnerable y honesto con ella. Amigos, familiares y parejas sentimentales pueden ser algunos de nuestros confidentes más valiosos, permitiéndonos conectar con ellos y mostrarles nuestra verdadera personalidad.

La confianza aporta mucho a nuestras relaciones. Fomenta la positividad, el perdón y la cercanía. Nos ayuda a afrontar y reducir los conflictos porque, cuando confías en alguien, te sientes más obligado a encontrar soluciones y puntos en común o a concederle el beneficio de la duda cuando ("isi, esto puede ocurrir!") mete la pata.

La confianza es algo hermoso, pero también hay que construirla y fomentarla. Es frágil y fácil de destruir, y una vez dañada la confianza, reconstruirla es aún más difícil. Para fomentarla, debes comunicarte abiertamente y estar en sintonía con la otra persona.

Sin confianza, puedes dañar tu relación, erosionándola con secretos y alejando a tu ser querido. La confianza puede verse dañada por la inseguridad, lo que puede hacer que te sientas aún más inseguro en tu relación con la otra persona.

Comunicación abierta

La comunicación abierta se basa en los dos fundamentos anteriores y ayuda a afianzar la relación hablando de cualquier cosa que podría llegar a entorpecerla. Los problemas y las peleas ocurren. De hecho, según John Gottman, investigador de las relaciones de pareja, la proporción mágica entre interacciones positivas y negativas es de 5:1, lo que significa que por cada interacción negativa debería haber cinco positivas. Eso suena a muchas más interacciones negativas entre las personas de lo que cabría esperar, pero demuestra lo comunes que son los conflictos.

Por eso es tan importante mantener una comunicación abierta. No sólo fomentará la confianza en una relación, sino que también ayudará a resolver esos conflictos de forma constructiva, lo que te ayudará a fortalecer tu conexión con la otra persona.

Respeto

El problema del respeto es que mucha gente lo ve de forma diferente. Hay todo un grupo de personas que creen que respetar a alguien significa escucharlo, mientras que otros dicen que respetar es tratar a alguien con la decencia humana básica. El respeto que necesitas en cualquier relación es el que se produce cuando tratas a alguien con amabilidad. Debes tratar a los demás como te gustaría que te trataran a ti.

El respeto mutuo es la base de todo tipo de relaciones y se demuestra teniendo en cuenta los sentimientos, pensamientos y límites de la otra persona. Respetar a alguien es demostrar que te importa a través de cómo actúas y hablas con esa persona. También puede implicar ser responsable de tus actos cuando cometes un error o hieres los sentimientos del otro. Ninguna relación es perfecta, pero respetar a la otra persona debería ser un patrón común.

Banderas rojas en las relaciones

Las banderas rojas pueden aparecer en casi cualquier relación, desde parejas románticas hasta compañeros de trabajo. Cuando veas ondear las banderas rojas, es tu señal para huir como el viento, o al menos plantearte seriamente la relación porque algo tóxico está sucediendo. Algunas de estas banderas rojas pueden no ser obvias si no las estás buscando, pero son una señal de que probablemente no estés en una relación sana de ningún tipo con la otra persona.

Acciones violentas o abusivas

Mientras que la violencia es directa, el abuso puede tomar varias formas diferentes, todas las cuales son señales de alerta. El abuso o maltrato no sólo puede darse en las relaciones románticas. Amigos, familiares y compañeros de trabajo pueden ser abusivos. Algunos tipos de abuso son los siguientes:

- ✧ **Maltrato físico:** Se trata de cualquier tipo de violencia física o amenazas utilizadas para mantener el control de una situación. Incluye lanzar, romper o destruir objetos.

- ✧ **Abuso emocional:** El abuso emocional es mucho más difícil de identificar porque no es físico. Se trata de cualquier comportamiento diseñado para aislarte, controlarte o intimidarte, como ponerte apodos, insultarte, ser posesivo, intentar que te alejes de tus amigos o familiares, controlar tu comportamiento, humillarte delante de los demás, utilizar el "gaslighting" (luz de gas) y culparte de sus acciones abusivas. También podría incluir amenazarte o daños a tus pertenencias.

- ✧ **Abuso económico:** Cuando una pareja limita el acceso a las finanzas o dificulta activamente la capacidad para ganar dinero del otro, está abusando económicamente. Esto no es lo mismo que esperar que se respete un presupuesto, sino que implica impedir activamente el acceso a los fondos, exceder el límite de tus tarjetas de crédito, negarse a contribuir y esperar que trabajes para conseguirlo todo, o negarse a darte dinero para gastos necesarios.

- ✧ **Abuso sexual:** El abuso sexual ocurre cuando una pareja u otra persona toma el control de la intimidad física y sexual sin tu consentimiento. Incluye la manipulación o la culpabilización para mantener relaciones sexuales, acciones sexuales no consentidas, ignorar cómo te sientes respecto al sexo o intentar intencionadamente contagiarte una infección de transmisión sexual. El abuso sexual puede estar presente en cualquier tipo de relación o incluso sin relación alguna con la otra persona.

✧ **Abuso digital:** Este tipo de abuso utiliza Internet para acosar, intimidar o controlar a la víctima, a menudo mediante abuso emocional.

✧ **Acoso:** Los acosadores siguen, hostigan u observan a su objetivo a pesar de que se les diga que dejen de hacerlo, provocando que se sientan incómodos, inseguros o atemorizados.

Desajuste en los objetivos

Se trata de una señal de alarma más propia de las relaciones románticas que de cualquier otro tipo de relación. Cuando tú y tu pareja quieren cosas muy distintas, es una señal de alarma para la relación porque significa que alguien tendrá que renunciar a sus deseos por la otra parte. Por ejemplo, si tú quieres tener hijos pero tu pareja no, tendrás que plantearte si estás dispuesto a renunciar a tenerlos para mantener a tu pareja o si, simplemente, son demasiado incompatibles el uno para el otro. También podría tratarse de objetivos profesionales, cómo manejar las finanzas o diferencias políticas o religiosas irreconciliables.

Celos

Cuando alguien está constantemente celoso cuando pasas tiempo con otras personas, independientemente de cuál sea tu relación con ellas, es un signo de inseguridad.

Esa inseguridad puede ser increíblemente perjudicial para tu relación y causarte problemas en el futuro. También puede ser un signo de posesividad.

Falta de confianza

La confianza es la base de todas las relaciones, y sin ella, no existe una verdadera relación sana.

Mentiras o infidelidad

Tanto la mentira como la infidelidad implican comportamientos deshonestos y pueden ser importantes señales de alarma en cualquier relación. Las personas que se sienten cómodas mintiéndote a menudo siguen mintiendo, y sin poder confiar en la otra persona, es difícil mantener cualquier tipo de relación.

Control

Las personas que intentan controlarte limitando tu acceso a otras personas, diciéndote lo que tienes que hacer o intentando vigilar tu comportamiento de alguna otra forma, no suelen respetar tu autonomía. Aunque, especialmente en el trabajo, existe cierta expectativa de que tus supervisores te digan lo que tienes que hacer, esto no debería llegar al punto de controlarte también fuera del trabajo.

Historias de "ex locos"

Esto vale para amigos, jefes, compañeros de trabajo y parejas sentimentales. Si la persona con la que estás hablando tiene un montón de historias sobre cómo otras personas son problemáticas por un montón de razones, es muy probable que no te estés enterando de todo. Por ejemplo, si tu nueva pareja tiene un montón de ex que son terribles, deshonestos y controladores, existe la posibilidad de que tu pareja tenga problemas sin resolver que dificulten una relación significativa y sana con ella, y que perciba los límites, las conversaciones y las expectativas sanas como algo erróneo.

Incapacidad para mantener amistades

Las personas que no tienen amigos o tienen dificultades para mantener amistades o relaciones, suelen tener un motivo para ello. Esto es especialmente cierto si escuchas muchas evasivas y rechazo a asumir responsabilidades personales en su situación.

Gaslighting

El gaslighting puede ser un gran problema en muchas relaciones, ya que te hace pensar que estás equivocado. Ocurre cuando alguien dice o hace cosas que te hacen cuestionar tu propia percepción de lo ocurrido. Por ejemplo, pueden decirte que no saben qué has hecho con el móvil cuando te das cuenta de que ya no está en la encimera y mencionan que lo pierdes a menudo cuando, en realidad, lo tienen en su bolsillo. Pueden utilizar otras tácticas para manipularte y hacerte sentir que tú eres el problema, en un intento de controlarte a ti y controlar tu comportamiento.

Bombardeo amoroso

El bombardeo amoroso es el intento de ganarse el amor y la confianza rápidamente colmando a alguien de elogios y afecto. Puede que te digan cuánto te quieren, que eres diferente a todos los que han conocido o que te hagan muchos regalos en un intento de hacerte sentir a gusto. Al hacerte sentir a gusto, adorado y deseado, básicamente crean una adicción a esos sentimientos, pero esta práctica suele desaparecer con el tiempo. Una vez enganchado, recibes menos afecto y adoración, así que persigues volver a ese pedestal, que es como la persona que bombardea el amor consigue el control.

Migajas de pan

Esta es otra forma de jugar con tus sentimientos, dándote justo la cantidad suficiente de afecto o ánimo para mantenerte enganchado a la relación. Sin embargo, cuando intentas acercarte, se alejan. Si empiezas a perder interés, te darán más. No existe ningún compromiso con este tipo de comportamiento frío-caliente.

Resumen del capítulo

Aunque las personas que te rodean no te definen, sí influyen en ti. Las relaciones sanas de todo tipo necesitan unos cimientos sanos y, a medida que adquieras más experiencia en la vida, aprenderás a detectar las banderas rojas y a saber cuándo algo no va del todo bien. Esto también te ayudará a comunicarte mejor en tus relaciones, porque serás capaz de articular lo que detectes que va mal y tomar medidas para solucionar los problemas. En próximo capítulo trataremos el tema del aprendizaje de técnicas de comunicación sanas y eficaces.

CAPÍTULO 9

DESARROLLO DE HABILIDADES DE COMUNICACIÓN SALUDABLES

La comunicación puede ser *difícil*. Puedes decir una cosa y que la otra persona escuche algo completamente distinto de lo que pretendías transmitir. Cuando salía con mi marido, recuerdo una conversación en la que no nos pusimos de acuerdo. Fue una discusión tan intrascendente que ni siquiera recuerdo de qué se trataba. Sólo recuerdo que me sentí frustrada, no escuchada y no querida. No nos poníamos de acuerdo y pensé que sería el fin de nuestra relación.

Hoy en día, hemos desarrollado mucho nuestras habilidades de comunicación. Somos capaces de hablar de nuestros problemas y encontrar puntos en común que nos ayuden a superar nuestros conflictos. No me malinterpretes, las discusiones siguen siendo un horror. Nunca es divertido pelearse con alguien que te importa, pero es mucho más fácil volver a ponerse de acuerdo y seguir avanzando cuando tienes las herramientas adecuadas para hacerlo dentro de tu caja de herramientas.

Comunicación eficaz

Lo mejor que puedes hacer por tus relaciones de todo tipo es aprender a comunicarte con claridad y eficacia. Estas son estrategias que he puesto en práctica y me he dedicado a enseñar a mis propios hijos para prepararlos mejor para la edad adulta, y creo que cualquiera podría beneficiarse de ellas. Si pones a prueba estas herramientas, sobre todo si tus seres queridos las ponen en práctica contigo (recuerda que, al fin y al cabo, la comunicación es una vía de doble sentido), es probable que también veas mejoras en la forma en que interactúan y se llevan los unos con los otros. Todo empieza por aprender a escuchar activamente, y luego comienza a poner en práctica estas estrategias.

Escucha activa

Cuando escuchas activamente, haces algo más que oír las palabras de la otra persona. Se trata de comprender realmente el significado de las palabras que te dicen antes de empezar a formatear una respuesta. Con frecuencia, la gente se obsesiona con responder lo más rápidamente posible o con pensar cómo va a responder, en lugar de prestar atención a lo que se está transmitiendo.

Para escuchar activamente, debes:

- ⬦ Estar presente en la conversación, prestándole toda tu atención.

- ⬦ Mantener el contacto visual y un lenguaje corporal abierto para transmitir interés en la conversación.

- ⬦ Prestar atención a las señales del lenguaje corporal.

✧ En lugar de responder, haz preguntas abiertas para animar a la otra persona a que se explaye.

✧ Antes de responder, parafrasea lo que has oído para asegurarte de que ambos están en sintonía.

✧ Escucha sin juzgar ni dar consejos, a menos que te los pidan.

Cómo comunicarte eficazmente

Saber escuchar sólo sirve para facilitar la comunicación a medias. Al fin y al cabo, para comunicarse hacen falta dos; de lo contrario, no es más que un sermón. Comunicarse eficazmente requiere sentirse cómodo no sólo escuchando, sino también respondiendo.

Optar por hablar de forma concisa es una buena manera de mejorar las habilidades comunicativas. Ciñete a lo básico, sobre todo cuando las emociones estén a flor de piel. He tenido discusiones que acaban desvirtuándose rápidamente porque nos salimos por la tangente en lugar de centrarnos en lo más importante, y eso nunca es divertido. Para evitarlo, si tienes que mantener una conversación fuerte, intenta planificarla con antelación.

Aunque a veces estas conversaciones surgen cuando menos te lo esperas, no hay nada malo en detenerse en el momento, decir que necesitas algo de tiempo para pensar y retomar la conversación cuando tú y la otra persona estén más calmados y puedan abordarla con un enfoque sensato. Otras formas de mantener una comunicación clara son las siguientes:

✧ **Presta atención al lenguaje corporal:** Tu cuerpo habla tanto como tu boca y, si no tienes cuidado, puedes enviar señales que interrumpan lo que realmente quieres decir. Por ejemplo, si tu lenguaje corporal da la impresión de estar enfadado, la otra persona puede ponerse a la defensiva, lo que impedirá una comunicación eficaz.

✧ **Ten cuidado con el tono:** Al igual que el lenguaje corporal, tu forma de hablar y tu tono de voz también influirán en lo que intentas decir. ¿Acaso escucharías a alguien que te dijera cómo tener confianza en ti mismo si tartamudeara y tropezara con sus palabras con la voz más tímida que jamás hayas oído? Probablemente no. Habla con calma, especialmente durante las conversaciones importantes.

✧ **Evita juzgar:** No necesariamente tienes que estar de acuerdo con lo que la otra persona dice, pero debes abstenerte de juzgar. Cuando te comunicas con alguien, tienes que estar abierto a lo que tiene para decir esa persona y escucharlo para entender realmente lo que está diciendo.

✧ **Haz una pausa antes de hablar:** Se trata de tomarse el tiempo necesario para comunicarse con claridad. Aunque no necesariamente tienes que hacer una pausa en medio de la conversación, deberías tomarte un momento para respirar antes de responder y asegurarte de que has pensado bien lo que quieres decir.

✧ **Utiliza declaraciones del tipo "yo":** Especialmente cuando las emociones son elevadas, debes ceñirte a los enunciados "yo". Por ejemplo, "Yo siento que no tienes tiempo para mí" es una frase mucho más efectiva comparada con "Nunca tienes tiempo para mí". En lugar de convertirlo en un ataque o un juicio, estás hablando de tus sentimientos. Así dejas de ponerte a la defensiva o de discutir sobre si realmente es así o es sólo tu perspectiva al respecto (¡que también es válida!).

Si aprendes a comunicarte mejor, podrás evitar conflictos, pero no todos son evitables. Es normal que a veces haya desacuerdos, ¡y no pasa nada! Tú y la otra persona, sea quien sea para ti, no tienen por qué estar de acuerdo en todo. Los dos son personas únicas con sus propios pensamientos, sentimientos y experiencias.

Resolución de conflictos

Por muy natural que sea el conflicto en cualquier relación, no deja de ser un gran lastre, y puede ser algo de lo que muchos intentamos huir. Huir de los conflictos y complacer constantemente a la gente para evitarlos, puede ser muy perjudicial para tus relaciones y tu salud mental. Por muy tentador que sea ignorarlos, lo único que se consigue es que sigan agravándose y, cuando finalmente estallen, los resultados pueden ser desastrosos. Pero los conflictos también son oportunidades para crecer y mejorar tus relaciones con los demás. Te permiten generar confianza y sentirte seguro de que tú y la otra persona pueden resolver sus desacuerdos.

Dado que los conflictos desencadenan emociones tan fuertes que a veces pueden sacar lo peor de nosotros, es importante controlar el nivel de estrés cuando te enfrentas a uno. Para manejar un conflicto de forma saludable, a veces necesitas hacer un paréntesis para continuar luego de calmarte, lo cual es absolutamente válido, siempre y cuando vuelvas a él más tarde en lugar de ignorarlo.

Resolver tus conflictos requerirá que:

- ✧ gestiones tu estrés sin distraerte.
- ✧ mantengas los pies en la tierra y controles tu comportamiento mientras gestionas tus emociones.
- ✧ escuches los sentimientos de la otra persona.
- ✧ respetes tus diferencias.

Parece fácil, ¿verdad? Bueno, como todas las cosas que merece la pena hacer bien, es más fácil decirlo que hacerlo. Intenta poner en práctica algunas de estas estrategias para ayudar a aplacar tus conflictos.

Sin interrupciones

Toma la palabra por turnos en lugar de intentar entrometerte constantemente. Deja que una persona tome la palabra para decir lo que piensa mientras la otra escucha activamente. Una vez que hayas confirmado que entiendes lo que dice la otra persona, podrás formular tu respuesta.

Discute desde la curiosidad

Muchas veces, los conflictos surgen porque tú y la otra persona no están de acuerdo. Abordar la conversación desde la curiosidad y sin juzgar, permitirá que ambos se entiendan mejor. Puede que aprendas algo nuevo sobre la otra persona, lo que puede ser útil para evitar futuros conflictos por el mismo tema.

Utiliza los intentos de reparación

Los intentos de reparación son formas en las que intentamos volver a conectar con alguien después de que haya surgido un conflicto. Pueden ayudar a asegurar a la otra persona que ves que hay un problema y que quieres resolverlo. Algunas personas recurren al humor (¡pero asegúrate de que la otra persona no se enfade más!), dicen que comprenden y muestran un lenguaje corporal positivo y abierto. Incluso puedes ofrecerle un abrazo o tomarle de la mano a la otra persona, para demostrarle que te importa y que no quieres seguir peleando.

Pedir disculpas correctamente

Las disculpas auténticas son algo más que decir "lo siento". También debes decir qué hiciste mal, por qué y qué harás en el futuro para evitar el problema. También deben incluir algún tipo de restitución, una oferta para enmendar el error. Las disculpas nunca deben ir seguidas de "pero" u otras palabras que impliquen que vas a desviar la atención o justificar tus acciones.

Un buen ejemplo de una auténtica disculpa es el siguiente: "Siento haber roto tu ordenador portátil. Realmente no estaba prestando atención por dónde caminaba, no quería tirarlo de la mesa. Prestaré más atención en el futuro para evitarlo. ¿Hay algo que pueda hacer para compensarte?".

Pregunta qué necesitan

Este es un punto que debería ir en ambas direcciones. Debes decirle a la otra persona lo que necesitas y, al mismo tiempo, preguntarle qué necesita para encontrar algún tipo de solución. No tengas miedo de expresar lo que necesitas de ellos para evitar que esto vuelva a suponer un problema en el futuro. Ellos no leen la mente, y tú tampoco. Esto ayuda a mejorar la comunicación y a que ambos estén de acuerdo.

Llegar a un compromiso

En muchos conflictos, un compromiso puede ser una buena manera de poner fin a la discusión. Aunque no siempre es correcto (o justo) esperar que se llegue a un compromiso, como cuando tienes un compañero de piso que nunca limpia lo que ensucia (¡yo he estado ahí, lo he vivido!) y estás harto de hacer de criada, en muchos casos, el compromiso puede ser una de tus herramientas más valiosas.

Por ejemplo, imagina que tu mejor amiga y tú tienen ideas muy distintas para pasar una noche divertida. Tu amiga quiere ir a la discoteca o salir de fiesta, mientras que tú prefieres quedarte en casa. Un compromiso válido es salir una noche y quedarse en casa la siguiente. O digamos que a ti te gusta dormir con la tele encendida pero tu compañero de dormitorio prefiere dormir a oscuras y en silencio. Un buen compromiso podría ser ver vídeos en el móvil con la pantalla atenuada y unos auriculares para que los dos consigan lo que quieren.

A veces, los compromisos pueden parecerte poco razonables, sobre todo si te hacen sobrepasar algunos de tus límites. Está bien, e incluso es sano tener límites, y eso significa que también debes saber cómo hacerlos cumplir.

Establecer principios y límites

Los límites son las líneas que trazas en las relaciones y que no toleras que se crucen. Puede ser algo como que no te quiten la comida del plato o que no quieras que te llamen por un apodo determinado. Tus límites son una forma de autocuidado que te ayudan a sentirte seguro y protegido en tu relación. Hay que comunicarlos claramente y protegerlos siempre que sean sanos.

Los límites no saludables pueden ser peligrosos y tienden a perjudicarte, a retenerte o a intentar ejercer control sobre otra persona. Algunos principios y límites poco saludables comunes (que también son señales de alarma en las relaciones) incluyen:

- ✧ menospreciarte a ti mismo o dejar que otra persona te menosprecie.

- ✧ Intentar controlar el comportamiento de la otra persona, como decirle que no puede tener más amigos que tú.

- ✧ Intentar cambiar a la otra persona, diciéndole cómo debe actuar o qué debe hacer.

Los límites y principios que impongas en tu vida estarán relacionados contigo y con tus deseos. Los saludables crean una especie de reflejo de tu estilo de vida, mostrando las normas, valores y directrices que tienes para tus relaciones. Algunos límites saludables comunes que puedes elegir incluyen:

- ✧ esperar ser tratado con respeto y amabilidad.

- ✧ Pedir espacio cuando lo necesites y esperar que se respete tu petición.

- ✧ Comunicar lo que te incomoda y esperar que se respete tu petición.

- ✧ Esperar un cierto grado de privacidad respecto a diarios, contraseñas o determinados sentimientos o acontecimientos.

- ✧ Esperar que se respete tu tiempo.

- ✧ Expresar límites sexuales y esperar que se respeten.

- ✧ Esperar que se respete tu religión (o la falta de ella).

- ✧ Proteger tus posesiones materiales y lo que vas a compartir y lo que no.

Tus límites exactos pueden desviarse de estos, como decir que si alguien te deja colgado y no respeta tu tiempo, dejarás de esperarle. No pasa nada por proteger tus límites y, aunque pueda parecer que estás tomando represalias contra la persona que los ha roto, no es así. Si rompen tus límites, sobre todo repetidamente y tras muchos intentos de comunicárselos con claridad, estás en tu derecho de retirarte de la situación.

Establece tus límites

Establecer tus límites no debería ser difícil en una relación sana, sobre todo si pones a prueba tus buenas dotes de comunicación. Se trata de comunicarlos y a menudo es mejor hacerlo en un momento de calma. Cuando se haya traspasado un límite, gestiona primero el enfado natural que sientes y luego escribe lo que te molesta para que no se te olvide.

Cuando te hayas calmado, podrás dirigirte a la otra persona y explicarle con calma y claridad lo que ha pasado y cómo te ha hecho sentir. Luego, puedes afirmar tus límites, indicando exactamente cuáles son, que no tolerarás que se crucen o se ignoren y por qué suponen un problema.

Esto debe venir desde un lugar de amor y bondad, explicando que confías en que la otra persona no violará tus límites, y a continuación debes preguntar a la otra persona si hay algún límite que necesite hacer cumplir. Deberían tener algunas cosas que declaren como puntos no negociables. Tú también puedes dar ejemplo de respeto de los límites siguiendo los suyos y disculpándote siempre que cometas un error.

Establecer y reforzar tus límites forma parte de tu salud. Tu salud mental y tu autocuidado son tan importantes como alimentarte o dormir. Recuerda que tus límites son los que te permiten sentirte seguro y protegido, y en las relaciones sanas de todo tipo, la gente respeta esos límites.

Resumen del capítulo

Una comunicación sana te llevará lejos en la vida. Te ayudará a relacionarte con los demás, a expresar tus propios límites y a resolver conflictos. Habilidades como la escucha activa y aprender a no interrumpir a los demás, pueden ayudarte a tener más éxito en tu comunicación, y cuando puedes comunicarte correctamente, puedes relacionarte mejor con las personas que te rodean, ya sean compañeros de trabajo, de clase o tus amigos y familiares, reduciendo el estrés y aumentando los sentimientos positivos. Todo esto también puede repercutir en tu salud en general.

En la siguiente sección del libro nos centraremos en la salud física y mental, dos aspectos que van de la mano.

PARTE 4

SALUD Y BIENESTAR

El autocuidado no es egoísta. No se puede servir de un recipiente vacío.

—Eleanor Brown

CAPÍTULO 10

LA SALUD FÍSICA Y MENTAL VAN DE LA MANO

El cuerpo y la mente pueden parecer dos cosas separadas, pero la verdad es que están más conectadas de lo que la mayoría de la gente cree. Desde el eje intestino-cerebro, que influye en los neurotransmisores que te hacen pensar y sentir, hasta el ejercicio, que es una forma fantástica de aumentar los niveles de energía y la salud mental, ambos están muy relacionados. La mejor forma de cuidar ta mente es cuidar tu cuerpo, y viceversa. Después de todo, ¿qué tal te sentirás mentalmente si te duele el cuerpo o estás demasiado cansado para hacer algo? ¿O qué tan bien crees que te sentirías físicamente si te encontraras sumido en la ansiedad o la depresión?

Si cuidas de tu cuerpo y de tu mente, te sentirás mejor. Eso significa dormir lo suficiente, comer sano y mantenerte hidratado. También significa ser capaz de proteger tu salud mental con límites sanos y una buena mentalidad. Cuando tanto tu cuerpo como tu mente están sanos, tienes más energía y amplitud mental para ocuparte de las cosas que necesitas hacer, como trabajar, mantener bajos los niveles de estrés o mantener buenas relaciones.

La conexión entre la salud física y mental

Nuestro cuerpo reacciona a las percepciones que genera nuestra mente del mundo que nos rodea. Cuando algo nos asusta, nuestro cuerpo responde de la misma manera, entrando en la respuesta de lucha, huida o congelación. Aunque el examen final de la universidad está muy lejos de ser tan peligroso como un león mirándote fijamente, tu cuerpo reacciona de la misma manera ante los acontecimientos que te provocan estrés, independientemente del nivel de amenaza real que puedan suponer.

Ahora imagina que vives constantemente estresado. Estás ocupado con los estudios y el trabajo, y quieres pasar tiempo con tus amigos. O estás pasando un mal momento en algún sitio. ¿Qué crees que hace tu cuerpo? Esas hormonas del estrés preparan tu cuerpo para defenderse de la amenaza potencial, haciendo que tu corazón se acelere, induciendo ansiedad y acumulando cortisol. Esto redirige la energía y los esfuerzos de tu cuerpo hacia la supervivencia, en lugar de hacia los procesos de mantenimiento que suelen tener lugar en reposo.

Aunque las explosiones cortas de estas hormonas no son un gran problema para el cuerpo, cuando se vive en un estado constante de estrés, el cortisol, que es la hormona del estrés, puede causar inflamación en todo el cuerpo. Los periodos prolongados de exposición a esta hormona pueden provocar depresión y una sensación constante de fatiga, además de debilitar el sistema inmunitario. En otras palabras, las personas estresadas a menudo se ponen o se sienten enfermas, y esto también puede aumentar su riesgo de padecer varias enfermedades.

Gran parte de lo que hay que hacer para mantenerse sano se basa en esta conexión entre cuerpo y mente. El ejercicio, por ejemplo, es beneficioso para la salud y mejora nuestro estado de ánimo. Comer alimentos sanos fomenta un bioma intestinal saludable, lo que también conduce a tener más energía y a sentirnos mejor en general.

Mantener un cuerpo y una mente sanos

Tu cuerpo es el único que tienes, así que cuidarlo es importante. Sí, eres joven y tu cuerpo puede recuperarse de muchas más cosas que el mío. Probablemente puedas comerte ese trozo de pizza de más sin preocuparte por nada, mientras que a mí me daría una indigestión si se me ocurriera darme un capricho. Que seas joven no significa que debas descuidar tu salud, aunque tu cuerpo pueda soportarlo.

Cuando estaba en la universidad, vivía a base de ramen barato, pizza y comidas de microondas. Déjame decirte que si hoy intentara hacer de eso mi dieta, no sería nada divertido. Tampoco me molestaba en hacer ejercicio y vivía según el lema de "¡Dormir es para los débiles! Dormiré cuando esté muerta". Es una maravilla que mi cuerpo nunca se haya rendido ante mis años de abuso en mi juventud.

Hoy en día, me aseguro de pasear a los perros al menos una hora casi todos los días. Como alimentos sanos y equilibrados. Soy esa vieja aburrida que se va a dormir a las

10 cada noche cuando antes, todavía estaría preparándome para una noche de fiesta. ¿Y saben qué? Mi cuerpo se siente mucho mejor por eso. Me he dado cuenta de que mi estado de ánimo y mis niveles de energía bajan cuando no me cuido como debería.

Cuidarte puede parecerte una gran pérdida de tiempo, pero, al igual que ahorrar para el futuro, es una inversión en ti mismo y en tu salud a largo plazo.

Dormir

Mientras que los adolescentes necesitan una media de 8-10 horas de sueño al día, incluyendo las posibles siestas, los adultos necesitan unas 7. Lo sé, lo sé. Si estás en la universidad y tienes un trabajo y una vida social medianamente sana, es más probable que vivas a base de copiosas cantidades de café, bebidas energéticas y alguna que otra siesta rápida entre clase y clase en la biblioteca. Aquí en Seattle, he paseado por el campus de la Universidad de Washington para disfrutar de la floración de los cerezos y he visto a estudiantes durmiendo en la hierba bajo los árboles.

Cuando estamos ocupados, es fácil que el sueño sea lo primero que recortamos, pero tu cuerpo lo necesita constantemente. Dormir esas 7 horas diarias debería ser una prioridad para ti siempre que sea posible. La mejor forma de conseguirlo es yéndonos a dormir y despertarnos siempre a la misma hora. Por supuesto, los adultos jóvenes tienen vidas que vivir y gente a la que ver, pero la calidad de tu sueño tendrá un gran impacto en tu salud y bienestar general.

Intenta que tu habitación sea oscura, cómoda y relajante. Si puedes, evita los aparatos electrónicos en el dormitorio y procura evitar las comidas abundantes, la cafeína y el alcohol antes de acostarte. Todo esto ayuda a fomentar un sueño más saludable, que puede hacer que te sientas mejor en general. El ejercicio también puede ayudarte a dormir mejor por la noche.

Ejercitarte

El ejercicio ayuda a mantener un peso saludable, pero no sólo eso. Puede mejorar tu estado de ánimo, tu salud cerebral y mantenerte enérgico, además de fortalecer tu cuerpo y reducir el riesgo de muchas enfermedades. Lo ideal es estar activo al menos 150 minutos a la semana, lo que parece mucho, pero en realidad son sólo 30 minutos, cinco días a la semana. Parte del ejercicio diario debe incluir dos días de entrenamiento de fuerza, asegurándote de concentrarte en todos los grupos musculares principales al menos una vez.

Si esto te resulta difícil de programar, hay muchas formas de modificar tu agenda diaria para mantenerte activo y seguir cosechando beneficios. Prueba con algunas de las siguientes:

- ✧ Si trabajas a menudo en un escritorio, utiliza un escritorio de parado.

- ✧ Si es posible, camina al trabajo, a clase o a hacer recados en lugar de ir en coche.

- ✧ Estaciona tu coche en la parte trasera del estacionamiento y camina hacia el interior en lugar de estacionar lo más cerca posible de la tienda.

✧ Sube por las escaleras en lugar de utilizar los ascensores.

✧ Incorpora una caminata diaria después del trabajo para descomprimirte.

✧ Levántate 30 minutos antes para hacer ejercicio desde casa.

✧ Utiliza una bicicleta de debajo del escritorio para hacer más ejercicio.

✧ Cuando veas la televisión, haz un poco de ejercicio durante los anuncios.

✧ Ten a mano pequeños aparatos básicos para hacer ejercicio en casa.

✧ Aprovecha el fin de semana para recuperar el ejercicio perdido durante la semana laboral o escolar.

Cuanto más sistemáticamente practiques ejercicio, más fácil te resultará, y pronto descubrirás que te sentirás mucho mejor que antes.

Dieta

Comer sano puede ser todo un reto. Desde que los alimentos integrales y saludables suelen ser más caros que los procesados hasta la necesidad de encontrar tiempo para planificar y preparar las comidas, puede ser difícil hacer algo al respecto. Ya hemos hablado de muchas formas de poner en práctica un buen plan de comidas saludables, pero ahora es el momento de analizar en qué consiste una comida saludable y cómo te beneficiará.

Comer sano puede mejorar tu bienestar general al proporcionarte todo lo que el cuerpo necesita para prosperar. Se asocia a beneficios como una vida más larga, una piel, unos dientes y unos ojos sanos, y un menor riesgo de padecer enfermedades cardiacas, diabetes de tipo 2 y cáncer. También es un componente importante para mantener un peso saludable.

En cuanto a la salud mental, una dieta sana, llena de alimentos ricos en nutrientes, disminuye los cambios de humor y mejora la capacidad de concentración durante más tiempo. Algunos estudios también sugieren que las dietas saludables pueden mejorar los síntomas de la depresión y la ansiedad, a diferencia de las dietas poco saludables, que se asocian a un mayor riesgo de demencia o accidentes cerebrovasculares.

Las dietas sanas suelen ser ricas en fibra, que ayuda a mantener estable el nivel de azúcar en sangre (y la energía) para evitar los bajones de azúcar. Los antioxidantes de los alimentos sanos combaten la inflamación, lo que puede ayudar a contrarrestar el efecto del estrés prolongado. Los alimentos fermentados ricos en probióticos mejoran el bioma bacteriano intestinal, lo que también puede hacer que te sientas mejor. El folato, un tipo de vitamina B, controla la producción de dopamina, mientras que la vitamina D, que se obtiene de la luz solar y de alimentos como las setas, puede aumentar la serotonina y el estado de ánimo. El magnesio es crucial para la función nerviosa y muscular, al tiempo que mantiene sanas las bacterias intestinales. Las carencias de minerales pueden desequilibrar el bioma y provocar síntomas de ansiedad y depresión.

Una de las formas más sencillas de obtener todo lo que el cuerpo necesita es consumiendo una amplia gama de alimentos integrales. Puede ser tentador consumir simplemente suplementos multivitamínicos, pero ten en cuenta que los nutrientes de los alimentos suelen ser mucho más biodisponibles que los de los suplementos, lo que significa que tu cuerpo puede beneficiarse más de ellos en las fuentes alimentarias.

Sé lo difícil que es tener un arco iris en el plato todos los días, una fórmula en la que mucha gente confía para obtener una serie de vitaminas en su dieta. Sin embargo, hay pequeños cambios que puedes hacer que te sabrán a gloria y te ayudarán a mantener tu cuerpo sano. Esto es lo que yo hago para asegurarme de obtener la mayor parte de lo que necesito en mi dieta.

Añade más fibra

La fibra te mantiene saciado y mantiene estable el nivel de azúcar en sangre. Yo tengo verduras preparadas en la nevera para tomarlas cuando necesito comer algo rápido. El apio y las zanahorias se conservan muy bien en botes de agua. Duran mucho más que si las dejas en una bolsa. Opta por los cereales integrales, las judías y las lentejas cuando realmente necesites algo de energía en tu dieta.

La vitamina D y el calcio van de la mano

Cuando se consumen juntos, la vitamina D y el calcio tienen un efecto sinérgico. Muchos alimentos están enriquecidos con estos nutrientes para aumentar su biodisponibilidad. Alimentos como la leche, el salmón y las verduras de hoja verde, te darán el impulso que necesitas. Recuerda que gran parte de la vitamina D la obtenemos de la luz solar, ¡así que no olvides salir al aire libre!

Evita los azúcares añadidos

Puede que el azúcar añadido tenga buen sabor, pero lo único que hace es prepararte para una fuerte bajada de azúcar. En lugar de refrescos, opta por agua con rodajas de fruta, o utiliza fruta fresca para endulzar tu yogur en lugar de comprarlo azucarado.

Grasas saludables

Necesitamos grasas para funcionar, pero sólo si son del tipo adecuado. Cambia las grasas saturadas por las grasas insaturadas, como el aceite de oliva, en lugar del aceite de canola o la margarina. Limita las carnes rojas en favor del marisco o las comidas vegetarianas, y cuando elijas carne de cerdo o ternera, procura elegir los cortes más magros.

Cuidado con las sales

Necesitamos sal y potasio en equilibrio para que nuestros nervios funcionen. Sin embargo, es muy fácil ingerir demasiada sal y poco potasio, lo que puede provocar malestar y elevar la tensión arterial. Elimina la comida de restaurantes y los alimentos procesados, prepara tu propia comida y utiliza hierbas y condimentos en lugar de sal.

Un plato ideal será la mitad de fruta y verdura (idealmente de distintos colores), un cuarto de cereales integrales y un cuarto de proteínas. Especialmente si vives en los Estados Unidos, probablemente tengas la idea de que tu comida se construye en torno a las proteínas, pero en realidad debería construirse en torno a los alimentos vegetales que elijas.

Comer sano es caro, pero también es una forma importante de mantener tu cuerpo saludable. Es otra forma de autocuidado. Otra forma de verlo es que si comes alimentos saludables, podrás ahorrar dinero en gastos médicos.

Resumen del capítulo

Tu salud es una de las mayores inversiones que harás en tu vida. Sí, puede resultar caro cuidarse bien con el aumento de los precios de los alimentos, pero es un aspecto en el que no deberías escatimar si no es necesario. Puedes seguir teniendo en cuenta los gastos y comer bien si elaboras buenos planes de comidas y mantienes una dieta sana, y tener un cuerpo sano es una de las mejores formas de asegurarte de tener también una mente sana. En el próximo capítulo hablaremos de la importancia del autocuidado y de lo que debes hacer para mantener tu salud mental en buen estado.

CAPÍTULO 11

AUTOCUIDADO Y HÁBITOS SALUDABLES

Pasar por alto el autocuidado es otra cosa que solemos hacer para mantener nuestras apretadas agendas. ¿Por qué dedicar ese tiempo a la salud mental cuando tienes que estudiar y escribir ese trabajo o has hecho horas extra durante la semana y aún te quedan tareas por hacer? La respuesta es sencilla: No puedes estar en movimiento constantemente y preocupándote de todo menos de ti mismo. Dedicar tiempo al autocuidado puede ser una de las mejores formas de evitar el agotamiento y mejorar tu salud mental. Algunos aspectos del autocuidado implican satisfacer tus necesidades físicas básicas, como hemos comentado en el capítulo anterior. Comer bien, dormir bien y mantener tu cuerpo en forma haciendo ejercicio, son formas de autocuidado.

A mí me ha afectado el agotamiento alguna vez, me sentía exhausta y con la sensación de no tener energía mental para hacer *nada*. No quería hacer las tareas y éstas se acumulaban. Apenas podía levantarme de la cama para trabajar o ir a clase. Había optado por una carga lectiva particularmente pesada para el trimestre y estaba sobrepasando el número de créditos que podía cursar como estudiante a tiempo completo. También trabajaba para pagar las facturas y mantenerme. Me levantaba a las 6 de la mañana para prepararme para ir a clase, tenía clases de 8 a 3 la mayoría de los días, con pequeños descansos entre clases que dedicaba a hacer los deberes y a estudiar. Trabajaba de 6 a 10 de la tarde la mayoría de los días, llegaba a casa a las 10:30 de la noche y hacía las tareas hasta cerca de las 2 o 3 de la madrugada la mayoría de los días. Dejé de lado el ejercicio, los momentos con mis amigos y mis aficiones, diciéndome a mí misma que era algo temporal y que estaría bien.

A mitad de trimestre llegaron los parciales, y yo tenía que estudiar para dos trabajos de investigación largos y dos exámenes, además de mi trabajo habitual. Por supuesto, la mayoría de mis compañeros de trabajo también eran universitarios y habían pedido tiempo libre extra, lo que hizo que me asignaran turnos más largos de lo habitual. No comía más que comida rápida ultra procesada cuando podía disponer de unos minutos y me despertaba gracias a la magia de la cafeína.

Una tarde, de camino al trabajo, me sentí completamente agotada. Me tomé otra bebida energética y seguí mi camino, pero empecé a sentirme nerviosa y mareada, como si me fuera a desmayar si no me sentaba. Resumiendo, mi jefe me mandó a casa porque temía que me desmayara de verdad en el trabajo y tuve el sueño más largo que había tenido en semanas.

Mi querido marido, que por aquel entonces era mi novio de toda la vida, se preocupó por mí y me mimó durante el resto de la noche, mirándome con cara de "te lo dije" sin llegar a decir las palabras en voz alta. Y efectivamente, *me lo había dicho*. Había intentado disuadirme de tomar tantas clases y de aceptar tantas horas de trabajo. Me había animado a pedir días libres esa semana con mucha antelación, pero yo estaba convencida de que necesitábamos el dinero. Me rogaba que me tomara tiempo para descansar y relajarme cuando me sorprendía dormitando sobre los libros de texto en mi escritorio, pero yo le decía que no podía. En pocas palabras, tenía razón. Me quería y quería que me cuidara. Yo había asumido que tendría tiempo para descansar más adelante.

Por qué es importante el autocuidado

El autocuidado es importante porque evita que nos agotemos mentalmente, alivia las presiones de la vida diaria y nos permite descansar. Sin descanso, es difícil mantener altos niveles de productividad durante mucho tiempo. Si renunciamos al autocuidado, puede que consigamos un impulso rápido, pero no será sostenible y podríamos acabar muy pronto como yo, agotados y sintiéndonos como una auténtica basura. Quemé la vela proverbial por los dos extremos y, para cuando se consumió por completo, necesitaba un profundo descanso.

Podría haber evitado completamente el problema si hubiera practicado el autocuidado, que está demostrado que reduce la ansiedad, la depresión y el estrés. Como resultado, nos hace más capaces de concentrarnos, sentirnos más felices y tener más energía. Hablando en términos puramente físicos, se ha demostrado que el autocuidado reduce las enfermedades cardíacas, el cáncer y los accidentes cerebrovasculares. También puede mejorar enormemente nuestra calidad de vida al animarnos a seguir nuestras pasiones y mantenernos arraigados a lo que más queremos y necesitamos en la vida.

Tipos de autocuidado

El autocuidado puede adoptar diferentes formas, desde cuidar de nuestro cuerpo hasta encontrar cosas que nos guste hacer y dedicarles tiempo. Me gusta dividir el autocuidado en tres categorías, dependiendo de lo que haga por nosotros en ese momento: físico, emocional y espiritual.

Autocuidado físico

El autocuidado físico tiene que ver con el cuidado del cuerpo e incluye la mayor parte de lo que hemos mencionado en el capítulo anterior.

Autocuidado emocional

El autocuidado emocional hace hincapié en cómo cuidamos de nuestra salud mental. Puede implicar nuestra autoconversación, establecer límites para protegernos del estrés innecesario o dedicarnos tiempo a nosotros mismos para descansar y disfrutar. Intenta quedar con un amigo para tomar un café o ir al cine o a un partido una vez a la semana para desconectar. Recuerda que tienes permiso para distraerte y descansar. Protégelo. Trabajas para vivir, no vives para trabajar, y esa es una lección que aprendí demasiado tarde en la vida.

El autocuidado emocional se presenta de varias formas, siendo mis favoritas las siguientes:

◇ aceptar y permitirte sentir lo que sientes

- ✧ aprender cuáles son tus desencadenantes emocionales y cómo trabajar en ellos

- ✧ anteponer tus necesidades y atenderlas

- ✧ respetar tus límites

- ✧ evitar personas y lugares negativos

- ✧ aplicar la autocompasión y no ser demasiado duro contigo mismo

- ✧ pedir ayuda cuando la necesites

- ✧ descansar cuando lo necesites

- ✧ encontrar tiempo cada día para hacer algo que te guste

Autocuidado espiritual

El autocuidado espiritual es muy personal. Para algunos, consiste en centrarse en su religión. Para otros, es encontrar formas de cuidar de sí mismos en profundidad a través de la meditación o actos regulares de bondad, o llevando un diario de gratitud. Se trata de desarrollar un sentido más profundo dentro de uno mismo, fomentando y alimentando el sentido de nuestras creencias y valores. Algunas de las formas en que practico el autocuidado espiritual son:

- ✧ practicando yoga

- ✧ meditación

- ✧ Encontrando formas de conectar con la comunidad, como unirme a clubes o hacer voluntariado.

- ✧ dedicando tiempo a la naturaleza

- ✧ practicando el perdón y dejando ir los rencores o las emociones negativas

Iniciar una rutina de autocuidado

Crear una rutina de autocuidado puede ser difícil si has adquirido el hábito de poner tus necesidades en último lugar o de ignorarlas. Puedes sentirte egoísta o como si estuvieras dedicándote demasiado tiempo a ti mismo cuando hay otras cosas en las que podrías emplearlo. También puede ser difícil acostumbrarte a dedicarte tiempo a ti mismo. Convertir el autocuidado en un hábito, es una de las mejores formas de ayudarte a ti mismo. Adquirir el hábito puede dividirse en varios pasos que pueden facilitar su puesta en práctica.

Identifica lo que te hace sentir centrado

Aunque todo el mundo necesita cuidarse, cada persona tiene una forma distinta de hacerlo. Mientras que tú puedes pensar que pasar una hora en el gimnasio levantando pesas es una forma estupenda de pasar el tiempo, otra persona podría creer que es una brutalidad. El autocuidado tiene que ver con lo que puedes hacer para sentirte centrado y a gusto contigo mismo.

Haz una lista de las cosas que te gustan y te hacen sentir centrado y realizado. Quizá te guste leer y escribir o montar a caballo. O puede que seas el tipo de persona a la que le encanta cocinar o trabajar en el jardín.

Piensa en cómo implementarlas en tu vida

Una vez que tengas tu lista de cosas que te ayudan a sentirte centrado, tienes que empezar a ponerlas en práctica. Digamos que tu lista es:

- ✧ escuchar música

- ✧ escribir
- ✧ Correr
- ✧ practicar yoga
- ✧ pasar tiempo con tus amigos

Ahora es el momento de incorporar estas actividades a tu horario habitual. Escuchar música es fácil: puedes ponerte unos auriculares o escuchar música en el trayecto al trabajo o mientras haces las tareas domésticas. El footing y el yoga pueden encajar en tu rutina de ejercicios. Lo difícil sería integrar en tu vida la escritura y el tiempo con tus amigos, pero es importante hacerlo. Tal vez optes por escribir diez minutos antes de acostarte cada noche y programar una reunión semanal con tus amigos.

Establecer objetivos para el autocuidado diario

En los últimos dos capítulos hablaremos de cómo establecer objetivos para poder alcanzarlos, por lo que aquí no profundizaremos tanto en eso. Establecer objetivos para cumplir con tu autocuidado diario es una gran manera de priorizarlo, siempre y cuando elijas objetivos SMART. Se trata de objetivos que son específicos, medibles, alcanzables, relevantes y en un tiempo determinado (Boogaard, 2021). Tal vez te propongas acostarte a una hora determinada, seguir una dieta saludable y hacer ejercicio.

No pasa nada si te vas fijando objetivos poco a poco, empezando por uno o dos más sencillos hasta que se conviertan en hábitos. Después, podrás empezar a cuidarte más y atender mejor tus necesidades.

Crea un sistema de apoyo

Una de mis formas favoritas de cumplir mis objetivos, especialmente en lo que respecta al autocuidado, es crear un sistema de apoyo. Esto es algo más que tener personas que te animen y te alienten. También es una buena idea contar con personas que empleen las mismas actividades de autocuidado para sí mismas, lo que les permitirá a ambas trabajar juntas. Si quieres hacer más ejercicio para cuidarte, puedes tener compañeros con los que hacer footing o ir al gimnasio. Los escritores pueden escribir al mismo tiempo que sus compañeros para seguir adelante, incluso cuando se sienten abrumados por el bloqueo del escritor.

Tener un sistema de apoyo de personas que se cuidan como tú, significa que pueden hablar y trabajar juntos para alcanzar sus objetivos. Comprenderán tus dificultades y podrán hablar de sus problemas. Además, ¡siempre es gratificante hacer algo con otra persona e interactuar socialmente!

Prueba y error

Lo más importante a la hora de organizar tu rutina de autocuidado, es recordar que se trata de una cuestión de ensayo y error. Lo que funciona para otra persona puede no funcionar para ti, y viceversa. También es posible que intentes establecer una rutina que simplemente no te funciona. En lugar de intentarlo a la fuerza y crear asociaciones negativas, recuerda que es totalmente válido adoptar un nuevo enfoque.

Tus necesidades cambiarán con el tiempo. Tu agenda también lo hará. Eso significa que el autocuidado tiene que ser flexible para adaptarse a tu horario. Después de todo, no renunciarías a un buen trabajo que coincidiera con tu horario del gimnasio; probablemente cambiarías tu horario de gimnasio para adaptarlo a tu horario de trabajo. Otras prácticas de autocuidado también pueden modificarse.

No tengas miedo de hacer cambios si necesitas encontrar un horario más adecuado para ti. Lo más importante es que dediques tiempo a tu autocuidado y que lo disfrutes.

Consejos para el autocuidado y el alivio del estrés

Muchas de las cosas de las que ya hemos hablado a lo largo del libro forman parte del autocuidado. Comer bien, hidratarse, dormir y hacer ejercicio, ayudan al cuerpo. Establecer objetivos y prioridades también puede ayudar. El autocuidado es mucho más que eso, y muchos consejos para aliviar el estrés también pueden ayudarte con su práctica. Éstos son algunos de mis consejos y trucos probados para el alivio del estrés y el autocuidado.

Crear un diario de gratitud

Los diarios de gratitud te recuerdan los aspectos positivos de tu vida y mejoran tu mentalidad para ser más positivo. Cada noche, antes de acostarme, me tomo un tiempo para escribir al menos tres cosas por las que estoy agradecida. Incluso en los peores días, siempre hay algo por lo que me siento agradecida. Algunos días he escrito que mi marido, mis hijos y yo estamos vivos y casi siempre bien. Otros, he escrito sobre una cosa dulce que alguien hizo por mí o sobre el hermoso paisaje que vi.

Esto te ayuda a replantear tu mentalidad para que sea más positiva, simplemente porque te hace pensar en las cosas buenas que te han pasado a lo largo del día.

Lee un libro de autocuidado

Hay muchos libros buenos sobre el autocuidado. Hemos tocado algunos temas, pero en realidad sólo ha sido un paneo general. Sobre todo si te gusta leer, escoger un libro dedicado al autocuidado puede ser justo lo que necesitas para inspirarte y mejorar tu rutina. También puede ayudarte a comprender mejor tus puntos débiles y cómo superarlos. Si estás muy ocupado, puedes elegir un audiolibro para escucharlo durante los trayectos al trabajo o las tareas domésticas.

Disfruta de la compañía de una mascota

¿Sabías que los animales de compañía, sobre todo los perros, pueden reducir el estrés y la ansiedad e incluso bajar la tensión arterial? Hay una razón por la que se utilizan como animales de apoyo emocional y animales de servicio para personas con trastornos como el TEPT: son excelentes para eso. Es posible que no puedas tener tu propia mascota, sobre todo si aún estás en la universidad o vives en un lugar que no admite animales, pero aún hay formas de que puedas beneficiarte de ellas. Trabajar como voluntario en una protectora de animales, pluriemplearte como cuidador de mascotas los fines de semana o pasar tiempo con amigos o familiares que tengan perros, pueden ayudarte a aprovechar las ventajas de acurrucarte con un cachorro y calmar tus nervios.

Salir al aire libre

Estar al aire libre es muy bueno para el ser humano. Recuerda que evolucionamos para estar al aire libre, trabajando, cazando y cultivando. Hoy en día, pasamos mucho tiempo dentro de casa, en el colegio o sentados en la oficina, y eso puede ser agotador. Salir al aire libre puede mejorar nuestros niveles de energía y ayudarnos a combatir el agotamiento, además de mejorar nuestra calidad del sueño. El ritmo circadiano, que regula los ciclos de sueño y vigilia, depende de la luz solar natural para controlar los niveles hormonales. Haz senderismo, planta un huerto o simplemente da un agradable paseo y acaba con el estrés.

Técnicas de respiración y conexión a tierra

Disponer de herramientas y trucos que te conecten a tierra te ayudará cuando tus emociones se desborden. Siempre hay momentos en los que nos sentimos abrumados. Incluso los más organizados, los que parecen más ordenados, tienen momentos en los que algo parece imposible, o están cegados por la ira o tan agotados que sólo quieren rendirse.

Existen varias técnicas de conexión a tierra, desde la meditación consciente hasta el yoga. Una de mis favoritas es un truco fácil de poner en práctica en cualquier lugar. Se llama respiración cuadrada y se puede hacer en una reunión, conduciendo el coche o en cualquier otro sitio. Todo lo que tienes que hacer son unos rápidos ejercicios de respiración profunda y sentir los beneficios. Es discreta y adecuada para esos momentos en los que estás fuera de casa y sólo necesitas resetear tu mente.

Para empezar, respira profundamente por la nariz durante cuatro segundos. Aguanta la respiración durante cuatro segundos y luego exhala por la boca durante cuatro segundos. Por último, aguanta cuatro segundos más antes de volver a empezar. Se llama respiración cuadrada porque se hace a un ritmo de cuatro segundos por paso. Al hacerlo, activas el sistema nervioso parasimpático, que es la función que controla la respuesta de lucha o huida. Al respirar con calma, envías mensajes a esa parte de tu sistema nervioso que dice que aquí no hay peligro y se tranquiliza.

Resumen del capítulo

A veces, tener el control de ti mismo y de tu mente puede ser difícil y, si no te cuidas, puedes agotarte rápidamente. Implementar una rutina sólida de autocuidado es una de las mejores formas de mantener los pies en la tierra y sentirte bien contigo mismo. En particular, las técnicas de conexión a tierra, como los ejercicios de respiración profunda, pueden ayudarte cuando las emociones se disparan y te sientes fuera de control. Estas técnicas pueden ser especialmente útiles cuando te encuentras en situaciones estresantes, como cuando vas a la consulta del médico.

El siguiente capítulo se centrará en la gestión de todo tipo de asuntos médicos: qué esperar del seguro médico, cómo concertar citas con el médico y cuándo debes acudir a una consulta.

CAPÍTULO 12

ASUNTOS MÉDICOS

Uno de los mayores cambios que se producen al llegar a la edad adulta es que, de repente, eres responsable de tu propia salud. Tienes que dar tu consentimiento para los tratamientos, tienes privacidad médica frente a tus padres y puedes tomar todas las decisiones. Dependiendo de lo que hayas acordado con tus padres, también puedes ser responsable de pagar tus gastos médicos. Esto puede parecer una gran responsabilidad, sobre todo si antes tus padres se encargaban de todo.

Cuando cumplí 18 años, la revelación de que tenía que programar mis propias citas me *aterrorizó*. En retrospectiva, no sé por qué me resultaba tan aterrador, pero creo que en parte me intimidaba tener que llamar por teléfono, acudir a la cita y estar sola durante la misma. Aunque hacía años que mis padres no iban a la consulta conmigo para la mayoría de mis revisiones anuales, seguían estando presentes y podían ocuparse de si era necesario algún tratamiento. Me resultaba mucho más fácil fingir que estaba sana y que, por tanto, no necesitaba las citas.

Sin embargo, esta forma de pensar tiene un problema: cuando uno no se somete a revisiones periódicas, puede perderse algo importante que, de otro modo, se habría detectado antes. Hay todo tipo de señales de las que podrías no ser consciente y que pueden detectarse en un examen de sangre o en una exploración física. La falta de atención médica preventiva puede suponer una asistencia más costosa en el futuro.

Seguro médico

En EE.UU., los adultos jóvenes pueden permanecer en los planes de asistencia sanitaria de sus padres hasta que cumplen 26 años, lo que significa que aunque seas adulto y responsable de ti mismo económicamente, tus padres pueden mantenerte en sus propios planes de seguro a través de su trabajo o el que paguen ellos mismos. Esto también es una buena noticia, porque el seguro médico puede ser caro. Incluso estando en sus planes, tienes que hacer frente a deducibles, copagos y otros gastos asociados.

En otras zonas del mundo, el seguro médico puede ser diferente. Muchos países tienen un sistema sanitario nacionalizado en el que el costo de la atención está cubierto por el estado. En Canadá y varios países europeos, por ejemplo, la salud es pública y gratuita para todos. Lo mismo ocurre en Australia y Brasil.

Términos importantes del seguro médico

Tanto si tienes tu propio seguro médico como si dependes del de tus padres, hay algunos términos que te conviene conocer de antemano:

- ⟡ **Deducible:** Un deducible es una cantidad que tienes que cubrir por tu atención sanitaria antes de que tu plan de seguro empiece a pagar. Por ejemplo, si tu plan tiene una deducible anual de 2.000 dólares, tu seguro médico no empezará a pagar el tratamiento hasta que ya hayas gastado y pagado de tu bolsillo 2.000 dólares.

- ⟡ **Copago:** Incluso cuando el seguro cubra la factura de tu cita, es posible que tengas un copago. Esta es la cantidad que pagas como tu parte de la factura. Pueden variar en función de tu plan.

- ⟡ **Coseguro:** El coseguro se refiere a la parte del costo de los servicios cubiertos de la que tú eres responsable. Suele ser un porcentaje establecido en tu plan.

- ⟡ **Prima:** Cada mes, tú o el asegurado tienen una prima. Es la cantidad que se paga para mantener activo el plan.

- ⟡ **Red:** No todos los centros médicos aceptan todos los seguros, especialmente si estás en Estados Unidos. Cuando un establecimiento o un médico están en la red, aceptan tu seguro.

✧ **Desembolso máximo:** Es lo máximo que pagarás de tu bolsillo por tu atención médica durante un año natural. Una vez alcanzado el desembolso máximo, tu seguro médico cubrirá el resto de las facturas hasta final de año. Tendrás que seguir pagando la prima habitual, pero todo lo demás estará cubierto si pertenece a la red de cobertura.

¿Qué pasa si no tengo seguro médico?

Si, por el motivo que sea, no tienes seguro médico, puedes acudir al médico si necesitas que te vea. Sin embargo, tendrás que pagar tú mismo los servicios de la consulta. Esto puede ser especialmente estresante para los adultos jóvenes, que no suelen tener mucho dinero, y puede ser una razón importante para no acudir a la consulta para recibir atención médica rutinaria. Si no tienes seguro, puedes acudir a urgencias. No te pueden rechazar por falta de dinero si realmente necesitas atención.

Otra posibilidad, si no tienes seguro, es informarte sobre el programa Medicaid de tu estado o ver cuál es el costo del seguro de escala móvil. Es posible que de este modo puedas obtener ayuda para la cobertura sanitaria.

Concertar una cita con el médico

Si te mudas para ir a la universidad, es posible que tengas que concertar una nueva cita con el médico de tu zona. Muchos campus universitarios disponen de asistencia sanitaria in situ, o bien puedes concertar citas por la zona. Cuando llegue el momento de concertar una nueva cita, busca un médico que acepte tu seguro y se ajuste a tus preferencias personales. Por ejemplo, si eres mujer y prefieres que te trate una mujer, o viceversa, en el caso de los hombres, puedes hacerlo.

Luego, sólo tienes que seguir unos sencillos pasos:

1. Llama a la consulta e informa de que eres un paciente nuevo. Es posible que tengas que esperar una o dos semanas para que te den cita como paciente nuevo. Si solicitas atención con un médico concreto, este es el momento de plantearlo.

2. Informa a la recepcionista del motivo por el que necesitas la cita. Puede tratarse de un chequeo debido a preocupaciones concretas como una enfermedad o para que te hagan análisis de rutina.

3. Facilita los datos de tu seguro médico.

4. Pregunta si necesitas llevar algo a la cita, como historiales o una lista de tus recetas.

En ocasiones, te darán cita en uno o dos días, o pueden pasar semanas o meses, dependiendo del motivo de la cita y de la disponibilidad del médico. Sin embargo, no todas las afecciones pueden esperar.

Qué hacer si el problema no puede esperar a una cita

Si tienes que esperar para una cita como paciente nuevo pero tienes un problema médico urgente, tienes otras opciones. Los consultorios de atención urgente, suelen ofrecer la posibilidad de que te atiendan el mismo día, lo que puede ser de gran ayuda si crees que tienes una infección leve o necesita antibióticos. Algunas razones comunes por las que la gente acude a la atención urgente incluyen:

✦ infecciones del tracto urinario

✦ resfriado o gripe persistentes

✦ lesiones leves, como esguinces o torceduras

✦ infecciones estomacales o intoxicaciones alimentarias

✦ sarpullidos repentinos o picaduras de insectos

✦ quemaduras, cortes o rasguños que necesitan tratamiento pero no justifican acudir a emergencias.

A veces, acudir a los servicios de emergencias es la respuesta adecuada para afecciones o lesiones más graves:

✦ dolor intenso y repentino

✦ hemorragias incontrolables

✦ cambios en la visión

✦ dolor o presión en el pecho o en la parte superior del abdomen

✦ alteración de la conciencia, confusión o desorientación, sobre todo tras un traumatismo craneal

✦ vómitos o tos con sangre

✦ sangre de color rojo brillante en las deposiciones

✦ falta de aliento o dificultad para respirar

- ✧ fuertes dolores de cabeza, especialmente si arrastras las palabras o tienes dificultad para hablar

- ✧ mareos, desmayos o debilidad en la parte media del cuerpo

- ✧ tener una convulsión por primera vez o, en el caso de las personas que se sabe que tienen convulsiones, una que dure más de cinco minutos

- ✧ sensación de querer hacerse daño a sí mismo o a los demás

- ✧ lesiones graves, como fracturas óseas, traumatismos craneales, cortes profundos y quemaduras graves

- ✧ vómitos o diarrea graves y persistentes

Si no estás seguro de si algo merece ser atendido en una sala de emergencias, lo mejor que puedes hacer es llamar al hospital. Suelen tener enfermeras disponibles para hablar sobre si necesitas que te atiendan inmediatamente o si puedes esperar a una cita con tu médico.

Acudir solo a una cita con el médico

Cuando llega el día de la cita, es posible que te pongas nervioso si nunca antes has tenido la responsabilidad de acudir solo. Con un poco de preparación y planificando qué esperar y qué hacer, ¡no está tan mal! Resulta más fácil después de las primeras veces, sobre todo si estás preparado.

Llega temprano y prepárate

Asegúrate de llegar a la consulta entre 10 y 15 minutos antes de la hora de la cita. Es posible que tengas que rellenar el papeleo de entrada o que te pierdas intentando llegar. Este margen de 15 minutos te ayudará en caso de que haya tráfico o te pierdas. Lleva también tu DNI, tarjeta del seguro y cualquier otra cosa que la recepcionista te haya dicho que necesites cuando concertaste la cita.

Prepara tus preguntas

Si tienes alguna duda antes de la cita, escríbela junto con las preguntas que puedas tener. Es probable que la cita no sea muy larga, por lo que querrás poder repasar la lista de forma eficaz y abordar todas tus dudas.

Sé concreto

Cuando describas tus síntomas y preocupaciones al médico o a la enfermera, sé lo más específico posible. Lo mejor es que seas capaz de decirles cuándo empezaron los síntomas, dónde te duele y todo lo que has hecho para intentar aliviarlos.

Resumen del capítulo

Al convertirte en adulto, heredas también la responsabilidad de tu salud y bienestar, algo de lo que, hasta ese momento, eran responsables tus padres. Aunque puede asustar las primeras veces, ¡con la práctica resulta más fácil! Lo mismo ocurre con muchas cosas en la vida, a medida que aprendes a reajustar tus expectativas y a salir de tu zona de confort.

La siguiente sección de este libro se centrará en el desarrollo personal, que incluye la capacidad de aprender y crecer como persona. El desarrollo personal consiste en aprender, ser resiliente y reconocer que no está mal sentirse incómodo a veces.

PARTE 5

DESARROLLO PERSONAL

Todos pensamos que cometemos errores cuando somos jóvenes. Pero no creo que cometamos menos de adultos.

–Jodi Picoult

CAPÍTULO 13

GESTIÓN DEL TIEMPO Y FIJACIÓN DE OBJETIVOS

Jamás recuperamos nuestro tiempo. Una vez que se ha ido, se ha ido para siempre. Si pierdes ese tiempo navegando sin parar por TikTok o Facebook, es tiempo desperdiciado que algún día desearás haber empleado de otra manera. ¿Sabías que una persona media utiliza las redes sociales durante 2 horas y 31 minutos al día? ¿Cuánto es eso en un año? Bueno, son casi 919 horas anuales o el equivalente a 38,3 días. Si contamos sólo las horas de vigilia, con una media de 16 al día, la cifra casi se duplica a 57 días. Así es, casi dos meses al año dedicamos en promedio a las redes sociales.

¿Qué harías con todo ese tiempo si lo tuvieras? Es tiempo suficiente para dedicarlo a aficiones, estudios o pasiones y, en cambio, lo malgastas en ver cosas de las que probablemente no te acordarás unos días después.

Las redes sociales, los videos tontos de Internet y otros derrochadores de tiempo, nos roban el tiempo que tenemos, malgastándolo. ¿No preferirías hacer algo productivo con él?

Aprender a administrar tu tiempo es una de las partes más importantes de la vida adulta. Cuando éramos niños, nuestros padres nos decían qué teníamos que hacer y cuándo. Podían limitar el tiempo de pantalla y las horas perdidas estableciendo normas, pero en cuanto entras en la vida adulta, tu tiempo es tuyo y de nadie más. ¿Qué vas a hacer con él?

El tiempo es dinero: ¡no lo malgastes!

Todos hemos oído decir que el tiempo es dinero, pero en realidad es cierto. Cada hora que tienes es una hora que puedes utilizar para ganar o ahorrar dinero. Una hora libre puede servirte para prepararte una comida nutritiva y ahorrarte el dinero de comer afuera. Una hora puede dedicarse a hacer tareas domésticas en lugar de subcontratarlas o a trabajar en proyectos que te apasionen y que un día puedan convertirse en tu medio de vida.

Lo peor que puedes hacer por ti, es perder el tiempo. Claro que puedes divertirte y hacer cosas que te gusten, pero si dejas que las pequeñas cosas te roben el tiempo constantemente, estás literalmente desperdiciando tu vida. La buena noticia es que puedes recuperar tu tiempo. Puedes soltar el teléfono, dejar de agobiarte y dedicar tus esfuerzos a cosas más productivas.

Pérdidas de tiempo que debes evitar

¿Estás listo para saber cuánto tiempo desperdicias? Vamos a repasar una lista de las pérdidas de tiempo más comunes en las que suelen caer los universitarios. ¿Cuántas de ellas se aplican a tu caso? ¿Cuánto tiempo dedicas al día a cada una de estas actividades? Una o dos pequeñas pérdidas de tiempo pueden no parecer gran cosa, pero si no tienes cuidado, puedes crear hábitos que te hagan perder más tiempo del que utilizas para ser productivo. Eso no quiere decir que tengas que estar activo y ser productivo todo el día: ¡también necesitas tiempo de inactividad para descansar! Pero como se suele decir, todo con moderación. Echa un vistazo a estas pérdidas de tiempo habituales:

Ver programas de televisión o videos online

Ver un episodio de tu serie favorita es una forma estupenda de desconectarte después de un largo día. Sin embargo, verlo durante horas mientras intentas hacer otras cosas, puede distraerte. Esto es especialmente cierto si intentas estudiar mientras ves la serie. Si no quieres estudiar en silencio, pon música instrumental de fondo.

Estudiar sin un plan

Si estudias sin ningún tipo de plan, podrías perder mucho tiempo. No basta con leer el libro de texto de principio a fin, y cuando tienes varias clases para las que estudiar, tienes que ser minucioso con tu tiempo.

Elabora un plan de estudio que describa lo que vas a hacer y cuándo, para que sepas cómo abordarlo todo y emplear mejor tu tiempo. Por ejemplo:

- ✧ Tomar apuntes sobre el capítulo asignado para psicología durante 45 minutos.
- ✧ Estudiar para el próximo parcial de química durante una hora.
- ✧ Dedicar media hora a trabajar en un trabajo de filosofía.

Cuando estudias con un plan premeditado, es mucho más fácil progresar.

Redes sociales

Con tantas redes sociales en las que navegar, es fácil subestimar el tiempo que pasas en ellas. Puede que pases 20 minutos en Facebook, 30 en Instagram y otros 30 en TikTok y no te des cuenta de cuánto tiempo estás empleando. Si a eso le sumas las notificaciones que aparecen y te enganchan de nuevo, o el tiempo que pasas chateando con otras personas en la plataforma, la cantidad de tiempo se dispara rápidamente.

En lugar de utilizar las redes sociales todo el día, desactiva las notificaciones y establece horarios específicos para el uso de las aplicaciones. No tienes que dejar las redes sociales de golpe y pueden ser una forma estupenda de mantenerte en contacto con tus amigos, pero no debes dejar que consuman tu vida.

Procrastinación

Todos procrastinamos de vez en cuando, pero si tienes la costumbre de decir que harás algo más tarde o mañana, probablemente estás perdiendo mucho tiempo y, además, te estás sometiendo a un estrés considerable. Si dices que estudiarás más tarde, pierdes el tiempo de estudio que podrías tener ahora y puede que te quedes despierto hasta más tarde para poder hacerlo todo. O, si dices que lavarás los platos después del trabajo en lugar de hacerlo antes, como haces normalmente, puede que te encuentres en una situación en la que no tengas nada limpio con lo que preparar la cena. Vencer a la procrastinación puede ser duro, pero aprender a hacerlo es una de las herramientas más valiosas que puedes otorgarte a ti mismo. Si tienes que hacer algo que te llevará menos de cinco minutos, hazlo inmediatamente en lugar de posponerlo.

Los calendarios, herramientas como el método Pomodoro (del que hablaremos más adelante) y dividir las tareas en pasos más pequeños para que no resulten tan abrumadoras, pueden ayudarte a vencer la procrastinación.

Planificación excesiva

¿Planificas demasiado? Muchos de nosotros solemos hacerlo: pasamos una cantidad desmesurada de tiempo intentando asegurarnos de que hasta el último detalle de nuestros planes salga a la perfección, hasta el punto de que nos quedamos sin tiempo para ejecutarlos correctamente. O bien, todo ese exceso de planificación puede llevarnos a rendirnos cuando lo que sea que hayamos planeado no sale exactamente según lo previsto.

Intentar que todo salga perfecto

Si te has sentido identificado con el último punto, es posible que también pases mucho tiempo preocupándote por los detalles más insignificantes de lo que estás haciendo. Si no es exactamente perfecto, es posible que te concentres infinitamente en un pequeño detalle que en realidad no es muy importante.

La perfección no existe, así que es inútil perder el tiempo intentando alcanzarla. En lugar de eso, céntrate en establecer unos estándares realistas y olvídate de los pequeños detalles. A nadie le importa que el sándwich que prepares no tenga un aspecto perfecto si sigue sabiendo bien.

Objetivos poco claros

Establecer objetivos que no son eficaces, es otra forma en la que mucha gente pierde el tiempo. Más adelante hablaremos de cómo establecer objetivos eficaces. Cuando tus objetivos son innecesariamente vagos, como "me gustaría perder peso" o "quiero comer más verduras", no te das a ti mismo algo concreto por lo que trabajar, y hablaremos de ello en breve.

Multitarea

A menudo pensamos que la multitarea es la forma perfecta de hacer más cosas en menos tiempo, pero la verdad es que es increíblemente ineficaz. El cerebro sólo puede concentrarse en una cosa a la vez, lo que significa que, al realizar varias tareas a la vez, se ve obligado constantemente a cambiar de marcha, lo que puede alargar las cosas y hacerte perder tiempo.

Es mejor concentrarse en una tarea cada vez, prestándole toda tu atención, que intentar hacer varias cosas a la vez. Si te encuentras en una situación en la que sientes que tienes que hacer varias cosas a la vez, intenta dividir las tareas en algo más manejable. Cuanto más racionalices tu proceso, más rápido harás las cosas ¡y más tiempo ahorrarás!

Cómo gestionar tu tiempo

A medida que empieces a ahorrar tiempo, serás más capaz de gestionarlo. Para la mayoría de los adultos jóvenes, la universidad es la primera prueba real que tienen de gestionar su tiempo por sí mismos, y esa libertad puede ser adictiva. Nadie te dice lo que tienes que hacer, cuándo estudiar o cómo vivir. El problema es que, si nunca has tenido la experiencia de gestionar tu tiempo por ti mismo o de enfrentarte a las consecuencias de una mala gestión del tiempo, corres el riesgo de perderlo por completo.

Tardé nada menos que dos semanas en darme cuenta de que mi gestión del tiempo era *horrible*. Posponía el estudio o los deberes hasta el último momento, lo que significaba que mis primeras notas en las clases eran mucho más bajas de lo que estaba acostumbrada. Daba prioridad a divertirme y hacer amigos antes que a las tareas que tenía que hacer. Al final de mi segunda semana, estaba agotada y me enfrentaba a todo un lío de estudios, tareas y otras responsabilidades.

Parte de la razón por la que me costaba tanto era que, cuando vivía con mis padres, ellos me imponían un horario estructurado. Tenía que hacer los deberes antes de salir con los amigos. También tenía que hacer mis tareas de antemano. Cuando era adolescente, toda esa estructura me parecía un lastre, pero cuando llegué a la universidad me di cuenta de que lo que querían mis padres, era ayudarme y prepararme para el éxito.

Aunque mi primer semestre de universidad terminó con notas más bajas de lo que estaba acostumbrada, también me dio una sólida comprensión de lo que es ser adulta. Tenía que gestionar mi tiempo porque nadie lo haría por mí. Tuve que responsabilizarme de esas notas tan bajas y, cuando llegó el segundo semestre, ya tenía un horario sólido y la base que necesitaba para triunfar.

Mi recomendación para la gestión del tiempo es tener un cronograma previsto y ceñirse a él. Todo lo que tengas que hacer debe ser priorizado en el nivel de importancia que tenga para ti, lo que significa que tendrás que tomar esas decisiones importantes por ti mismo.

Por ejemplo, puede que realmente quieras ir a esa fiesta, pero tienes que madrugar a la mañana siguiente para tu trabajo del fin de semana. ¿Qué es más importante para ti? Puede que decidas que aún quieres ir a la fiesta, pero tampoco quieres estar agotado, así que decides volver temprano a casa en lugar de salir de fiesta hasta altas horas de la madrugada.

Prioriza las tareas

Priorizar tus tareas consiste en saber qué hay que hacer inmediatamente y qué puede esperar o eliminarse por completo. Cuando sientas que te ahogas en trabajo, haz una lista de todas las tareas que intentas hacer. A continuación, empieza a clasificarlas por su urgencia.

Las tareas sin importancia, como pasar el tiempo en las redes sociales, pueden posponerse o no debes darles importancia.

Las tareas importantes son las tareas que te importan a ti o las que necesitas hacer tú mismo. Pueden ser tus aficiones, estudiar, trabajar o hacer tus tareas domésticas. Deben programarse en algún momento del día y completarse a tiempo.

Las tareas urgentes son cosas que debes hacer para evitar problemas. Por ejemplo, terminar una tarea para el colegio, estudiar para un examen inminente o realizar el mantenimiento del coche para que siga funcionando. Muchas de estas tareas pueden ser cosas que en su momento fueron importantes y que decidiste posponer hasta que ya no pudiste hacerlo más.

Una de las mejores soluciones a la acumulación de tareas es evitar procrastinar. En breve te daremos algunos consejos para gestionar tu tiempo y vencer la procrastinación.

No te comprometas en exceso

Decir que no cuando te piden que hagas algo puede ser difícil, sobre todo si tienes el hábito de complacer a la gente. El problema viene cuando empiezas a agobiarte con los compromisos. La vida ya es bastante ajetreada de por sí, con el trabajo, los estudios y la vida social. No hay necesidad de empeorar las cosas aceptando todos los pequeños favores que la gente te pide.

O tal vez ya te has comprometido demasiado porque pensabas que tendrías tiempo para hacerlo todo y luego te das cuenta de que todo se te acumula. Lo entiendo: como madre ocupada, estoy constantemente inundada con todas las cosas que me piden en el trabajo, mis hijos y mi marido. Siempre hay ropa que lavar, deberes que hacer, actividades extraescolares a las que ir en coche y mucho más. En la universidad, parecía que había tantas cosas que hacer. Tenía que estudiar, trabajar y encontrar tiempo para mis amigos.

No pasa nada por decir que no a cosas para las que no tienes tiempo o capacidad mental para completarlas en ese momento. Deja ir las cosas que no te importan o a las que simplemente no puedes dedicar tiempo. Sí, esto puede significar renunciar a algunas cosas que son importantes, como renunciar a uno de tus clubes favoritos del campus para ir a trabajar de vez en cuando o no salir con tus amigos todas las noches, pero te ayudará a equilibrar tu agenda.

Al evitar la trampa de comprometerte en exceso, liberarás tiempo que podrás aprovechar mejor haciendo las cosas importantes y urgentes de tu lista. Lo único que tendrás que hacer es utilizar ese tiempo de forma inteligente y eficiente.

La técnica Pomodoro

Una de mis fórmulas favoritas para ser eficiente con el tiempo es utilizar la Técnica Pomodoro para gestionar mi tiempo sin sentirme abrumada o sin margen para relajarme. Como curiosidad, la técnica debe su nombre a la palabra italiana que significa tomate, porque la persona que la desarrolló utilizaba un temporizador de cocina con forma de tomate para fraccionar su tiempo.

Con esta técnica, divides tu tiempo en intervalos de 25 minutos trabajando en algo, con un descanso de 5 minutos. Después de cuatro intervalos, tienes un descanso de 15 o 30 minutos para relajarte.

Esto ayuda a dividir lo que de otro modo parecería una tarea larga e insoportable en fragmentos más pequeños que resultan más manejables. De este modo, pasarás menos tiempo pensando en lo que tardarás, sintiéndote abrumado y postergando las cosas, y tendrás más tiempo para hacer lo que tienes que hacer.

Empieza por elegir una tarea que tengas que completar, como un trabajo, estudiar algo o hacer una tarea. Programa un temporizador por 25 minutos y trabaja todo el tiempo. No te distraigas, deja el teléfono en un lugar donde no te tiente y ponte en marcha. Cuando suene el temporizador, tómate un descanso. Me gusta anotar mis progresos a medida que avanzo para poder ver lo productiva que he sido mientras utilizo este método. Si estoy leyendo o escribiendo, apunto el recuento de palabras o el número de páginas que he pasado y luego me relajo. Cuando termina el breve descanso, pongo en marcha el temporizador y vuelvo a empezar. ¡Te apuesto a que esto te ayudará a ahorrar tiempo manteniéndote concentrado en la tarea!

Tips para ahorrar tiempo

¿Sigues teniendo poco tiempo después de aplicar estos cambios? Estos son algunas de mis sugerencias favoritas que utilicé en la universidad y que sigo utilizando hoy en día para sacar el máximo partido a mi tiempo:

- **Presta atención a tu tiempo**: Me gusta hacer un seguimiento de mi tiempo asegurándome de que soy consciente de cuánto tiempo paso en mis mayores pérdidas de tiempo. Para mí, revisar mi teléfono es absolutamente uno de los peores. Cuando siento que mi tiempo está fuera de control, echo un vistazo a las aplicaciones de mi teléfono para ver cuánto tiempo le he dedicado. La cifra a veces me asusta y me recuerda que debo dejarlo y centrarme en lo que ocurre a mi alrededor.

- **Aprovecha el tiempo de inactividad**: ¿Vas al trabajo o al colegio? Si vas andando, en autobús o en coche, siempre puedes aumentar tu productividad escuchando audiolibros. O, si tomas el autobús o compartes coche, puedes aprovechar el tiempo que pasas viajando para estudiar, ponerte al día con el trabajo u ocuparte de algo de la planificación de la semana. En lugar de esperar, ¡sé productivo!

- **Separa el trabajo del placer:** asociamos nuestros espacios con lo que más hacemos en ellos, así que separar el lugar donde trabajas del lugar donde duermes o te diviertes, puede ayudarte a ponerte en la mentalidad productiva por asociación. Esto puede ser difícil si vives en una residencia de estudiantes, pero puedes optar por estudiar en la biblioteca del campus. Dedica un espacio de oficina en tu casa si puedes permitírtelo.

✧ **Si puedes, subcontrata:** Esto puede ser un poco difícil, dependiendo del momento de tu vida en el que te encuentres. Algunas cosas pueden subcontratarse y, si puedes, deberías hacerlo. Para los estudiantes, una fuente importante de tercerización es comer en los comedores escolares. No tienes que cocinar ni limpiar lo que ensucias.

✧ **Encuentra herramientas que te ayuden:** Déjame decirte que cuando oí hablar por primera vez de las aspiradoras robot, pensé que era un lujo ridículo y una pérdida de tiempo y dinero. Ahora, ¿con niños y mascotas? No podría imaginarlo de otra manera. Estas herramientas son mi medio de vida y me mantienen con los pies en la tierra. Si hay herramientas que aumentan tu productividad y te resultan accesibles, probablemente merezca la pena invertir en ellas.

Al poner en práctica estas herramientas, podrás centrarte en lo que más importa. Después, sólo tienes que asegurarte de que cuentas con los objetivos para trazar la hoja de ruta de tu plan.

Los objetivos SMART te mantendrán centrado

Ya introdujimos el tema de los objetivos SMART anteriormente al hablar del autocuidado, pero ahora es el momento de profundizar en ellos. Como ya hemos dicho, los objetivos SMART son específicos, medibles, alcanzables, relevantes y en tiempo oportuno.

La razón por la que me gustan estos objetivos es que me mantienen centrada. Al escribir los objetivos en este formato, es mucho más fácil ver exactamente lo que hay que hacer y en qué fecha u hora para mantener el rumbo. Como resultado, soy capaz de centrarme mucho más en lo que hay que hacer sin atascarme con tareas que de repente se convierten en urgentes o que hay que completar rápidamente para cumplir con sus requisitos.

- **Específicos:** Los objetivos deben ser muy específicos. Por ejemplo, si tu objetivo es sacar buenas notas en la universidad, en realidad no tienes una métrica que te diga a qué aspiras. ¿Qué es para ti una buena nota?

- **Medibles:** Al hacer que tu objetivo sea medible, te concedes a ti mismo algo que tiene un final definitivo. Esto podría ser obtener un promedio de 3,5 o no bajar del 80% en una tarea para el semestre.

- **Alcanzables:** Los objetivos también tienen que ser alcanzables. No puedes, por ejemplo, decir que quieres graduarte con un GPA de 4.0 cuando ya te encuentras por debajo de eso, o que quieres correr una maratón en una semana cuando actualmente llevas una vida relativamente sedentaria. Asegúrate de ser realista sobre lo que puedes y no puedes hacer cuando fijes tu objetivo. Debe ser algo que te exija un poco y te haga trabajar para conseguirlo, pero no algo que nunca podrías lograr. ¿Cómo lo conseguirás? Si quieres conseguir esa nota media de 3,5, ¿cuál es tu plan de estudio? ¿Cuántas clases tomarás a la vez?

✧ **Relevantes:** Tu objetivo también tiene que ser relevante para ti. ¿Es algo que harías de buena gana? ¿Tienes interés en hacerlo? Si realmente no te interesa ir a la universidad, por ejemplo, porque planeas dedicarte a una carrera que no requiere un título, ¿realmente vas a darlo todo en el colegio?

✧ **En tiempo oportuno:** Por último, tu objetivo debe tener algún tipo de meta. Tiene que tener una fecha límite para que sepas si has triunfado o fracasado. Puede ser la graduación, si quieres obtener una nota media alta, o una fecha arbitraria que hayas fijado. Esto te ayudará a rendir cuentas y a trabajar por tu objetivo.

Cuando establezcas tu objetivo, empieza por escribir cada paso. ¿Qué quieres conseguir? ¿Cómo lo conseguirás? ¿Por qué te importa? ¿Cuándo deberías terminar de trabajar para conseguirlo? Estas cosas son importantes, y plasmarlas por escrito te ayudará a tener una idea más clara de lo que tienes que hacer y de cómo programarlo todo en tu plan.

Resumen del capítulo

Una parte importante del desarrollo personal consiste en ser capaz de cumplir los horarios y gestionar tu tiempo de forma inteligente. Cuando puedas mitigar las pérdidas de tiempo y centrarte en objetivos SMART, podrás avanzar, aprender más y trabajar para tener más éxito. A partir de ahí, todo es cuestión de resiliencia y de recordar que es normal que te encuentres en una fase de desarrollo. Está bien no ser capaz de hacerlo todo bien por primera vez, y el desarrollo de una mentalidad de crecimiento, que presentaremos en el próximo capítulo, se trata de volver a levantarnos cuando nos caemos.

CAPÍTULO 14

MENTALIDAD DE CRECIMIENTO, CONFIANZA EN UNO MISMO Y RESILIENCIA

Con las herramientas para gestionar tu tiempo, podrás empezar a abordar tus objetivos y hacerlos realidad. Es muy gratificante ver que todo el trabajo duro da sus frutos. A medida que vayas alcanzando tus objetivos, es probable que te sientas más seguro y preparado para la vida. Sin embargo, la clave está en reconocer que cuando fracasas en algo (y ocurrirá, te lo prometo), puedes seguir adelante.

Una de las cosas más difíciles de aprender en la vida es a ser resiliente. Para ser resiliente hay que tener confianza en uno mismo y reconocer que fracasar en algo no es lo peor del mundo. De hecho, el fracaso es lo que impulsa el crecimiento. Si no fracasas en algo, ¿cómo sabes que lo que estabas haciendo no era demasiado fácil para ti?

Algo que tuve que aprender con mis hijos es que elogiarles por cada cosa que hacían bien no era el camino correcto para fomentar su confianza. De hecho, cuanto más les alababa por hacer las cosas bien, más se resistían a probar cosas nuevas.

Cuando hablé con ellos al respecto, lo que me dijeron me sorprendió: tenían miedo de que, si metían la pata, yo no les elogiara y me sintiera decepcionada de ellos. En otras palabras, tenían miedo al fracaso y a lo que yo podría pensar si fracasaban, así que se resistían a probar cosas nuevas y a desafiarse a sí mismos. En lugar de enseñarles a ser niños seguros de sí mismos y audaces que quisieran enfrentarse a todo lo que la vida les ofreciera, querían permanecer firmemente en su zona de confort.

Tu cerebro nunca deja de crecer

Si permanecer en tu zona de confort te resulta familiar, no eres el único. Mirando hacia atrás, yo era igual cuando era más joven. Tenía miedo de equivocarme porque equivocarse significaría que estaba equivocada, y estar equivocada significaba que no tenía razón y odiaba no tener la razón. Era una espiral de pensamientos peligrosa. Pensaba que si simplemente no lo intentaba, no podría fracasar, pero esa es la forma equivocada de verlo. No fracasas en algo hasta que te rindes. Al no estar nunca dispuesta a intentar algo, estaba fracasando por defecto, pero de alguna manera me convencí a mí misma de que no era lo mismo.

Desarrollar una mentalidad de crecimiento

Parte de lo que fomenta la resiliencia es el desarrollo de una mentalidad de crecimiento. La resiliencia es la capacidad de recuperarse de un fracaso y seguir avanzando hacia el objetivo. Está bien sentirse decepcionado por no haber tenido éxito, pero lo más importante es reconocer que puedes seguir trabajando en el futuro para obtener mejores resultados.

En otras palabras, que no hayas tenido éxito hoy, no significa que no lo vayas a tener en el futuro. Esto se debe a que tu cerebro nunca deja de crecer. Es como un músculo: cuanto más lo trabajas, más fuerte se vuelve. Nunca es demasiado tarde para aprender una nueva habilidad o alcanzar nuevas metas, y es normal no ser muy bueno en algo cuando se empieza.

Imagina que todos nos diéramos por vencidos la primera vez que intentamos algo y fracasamos. Los bebés nunca gatearían ni andarían. Nunca hablaríamos ni leeríamos ni escribiríamos porque todas estas son habilidades aprendidas que conllevan muchos fracasos al principio. Los médicos nunca operarían ni ayudarían a curar a la gente. Los abogados abandonarían en la facultad de Derecho la primera vez que se equivocaran al recordar algo.

Todos fracasamos de vez en cuando. Todos nos equivocamos de vez en cuando. Y es completamente normal.

Cuando nos centramos en una mentalidad de crecimiento, no nos fijamos tanto en los resultados como en el esfuerzo realizado. Al fin y al cabo, es el esfuerzo lo que realmente merece ser elogiado: es todo el trabajo duro que pones para llegar a ese objetivo final lo que realmente importa. Sí, es estupendo que lo hayas conseguido, pero ese éxito es significativo y satisfactorio porque has trabajado para conseguirlo.

Si cambias tu mentalidad para centrarte en el esfuerzo que pones en una situación, en lugar de en el resultado final, descubrirás que es más fácil recuperarte después de obtener un resultado no deseado. En lugar de pensar que el nivel de habilidad que tienes en ese momento es el que hay, verás que puedes seguir aprendiendo y creciendo. En otras palabras, te vuelves resiliente, y esa resiliencia te ayudará a seguir adelante con tu vida.

Consejos para desarrollar una mentalidad de crecimiento y resiliencia

Si eres de los que se derrumban ante la idea del fracaso, no te preocupes: puedes cambiar de mentalidad. Al fin y al cabo, de eso se trata, ¿no? Desarrollar una mentalidad de crecimiento requiere del desarrollo de la resiliencia. Cuanto más practiques, más fácil te resultará, como con cualquier otro tipo de ejercicio. Sólo que en este caso, estás ejercitando tu cerebro.

Acepta tus imperfecciones

No tienes por qué ser perfecto. De hecho, tus imperfecciones son partes valiosas de quién eres y de cuánto espacio te queda para crecer. Cuando te equivocas en algo, no supone un menosprecio de lo que eres como persona. No es señal de que seas inútil o estúpido. Es sólo una señal de que aún no dominas esa información o habilidad. El "aún" es importante aquí.

Que no sepas algo hoy no significa que no lo sepas en el futuro. Recuérdatelo cuando cometas errores. En lugar de darte por vencido, di: "Aún no sé esto, pero puedo aprenderlo".

Considera los retos como oportunidades

Cuando algo te resulta difícil, tampoco es señal de que seas inadecuado. En realidad, es una buena oportunidad para empezar a aprender y crecer. Cada reto, cada contratiempo en el camino, es una forma de avanzar y desarrollarte como persona. Apuesto a que no sabías álgebra cuando entraste a clases por primera vez, pero cuando saliste, tus conocimientos habían aumentado drásticamente. Todo es así. No es el talento en bruto lo que nos hace triunfar, sino cómo afrontamos los retos y los utilizamos para crecer a lo largo del camino.

Céntrate en el lenguaje positivo

Gran parte de lo que conforma nuestra mentalidad es cómo hablamos, tanto respecto a nosotros mismos como al mundo que nos rodea. Cuando utilizas un lenguaje negativo, como "nunca voy a resolver esto", te estás poniendo en una situación precaria. ¿Cuánto esfuerzo crees que vas a dedicar realmente a resolver lo que sea si crees que no puedes hacerlo? Puede que hagas un intento poco entusiasta, pero para poner realmente todo tu empeño en algo, tienes que creer que puedes hacerlo.

Deshazte de los absolutos en tu lenguaje. No hay "siempre" ni "nunca" ni blanco o negro. El mundo también es más que tonos de gris. Vivimos en un mundo vibrante lleno de espectros de color, al igual que nosotros mismos tenemos espectros de capacidades. Añades o quitas un poco de luz a un color y lo que queda cambia. Lo mismo ocurre con tus habilidades. No están estancadas y pueden cambiar en función de lo que les aportes.

Cuanto más cómodo te sientas con el lenguaje positivo, mejor te sentirás. Mejor aún, más seguro podrás crecer. La mentalidad de crecimiento y la mentalidad positiva nos hacen sentirnos mejor con nosotros mismos, lo que nos otorga la llave del éxito.

Confianza en uno mismo y éxito

La confianza en ti mismo es lo que te da fe en que puedes triunfar. Es lo que te permite seguir luchando en los momentos difíciles y confiar en ti mismo lo suficiente como para saber que tomarás las decisiones correctas. También te asegura que, aunque ahora no tengas las respuestas, podrás encontrarlas con un poco de esfuerzo.

En otras palabras, la autoconfianza es tener confianza en uno mismo. No es lo mismo que tener un exceso de confianza, es decir, sobrestimar tus capacidades. Cuando tienes confianza en ti mismo, eres consciente de lo que puedes hacer. Esto conlleva todo tipo de beneficios que te ayudarán a lo largo de tu vida y te llevarán por el camino del éxito.

La confianza en uno mismo se manifiesta en cómo nos presentamos a los demás, cómo sentimos nuestro cuerpo y cómo afrontamos los problemas. Esa confianza interior le dice a la gente que también puede depositar su confianza en ti. ¿Cuál es el resultado? Las personas con confianza en sí mismas tienen más probabilidades de conseguir aumentos y ascensos en las entrevistas. Como consecuencia, también tienen más probabilidades de tener éxito.

La buena noticia es que la confianza en uno mismo es algo que se adquiere y se aprende. Puede que algunas personas tengan más confianza en sí mismas por naturaleza que otras, pero eso no significa que tú no puedas desarrollarla. Mentalidad de crecimiento, ¿recuerdas?

Ensayo y error y más ensayo

La confianza en uno mismo consiste en ser capaz de volver a levantarse cuando uno se cae. Es poder confiar en tus capacidades. Eso no significa que confíes en que ya eres perfecto; se trata de ser consciente de cuáles son realmente tus capacidades y de lo que puedes hacer para seguir aprendiendo y creciendo.

Si aún no tienes confianza, lo único que tienes que hacer es seguir intentándolo, incluso ante los retos. Se trata de un ciclo de ensayo y error. Cada error te acerca un paso más a la solución. Es como ser un científico: sabes lo que quieres hacer y luego tienes que experimentar para encontrar la respuesta. Cada vez que intentas algo que no funciona, sabes que ha llegado el momento de probar algo diferente. Al final, acertarás.

Cuanto más trabajes en esto, recordando que tienes una mentalidad de crecimiento y que puedes seguir aprendiendo mientras vivas y sigas intentándolo, más seguro te sentirás. Te sentirás cómodo cometiendo errores o fracasando, reconociendo el lado positivo del aprendizaje que ello conlleva. A medida que te sientas más cómodo, también podrás explorar más, abriéndote puertas que no sabías que existían en tu futuro.

Sal de tu zona de confort

La confianza en uno mismo te ayuda a salir de tu zona de confort porque sabes que puedes confiar en ti mismo para atravesarla, pase lo que pase. Es la capacidad de confiar en que tienes más cosas que aprender y que, a veces, el proceso de aprendizaje y crecimiento es incómodo. Sin embargo, la resiliencia nos ayuda a salir adelante.

He tenido que salir de mi zona de confort en innumerables ocasiones a lo largo de mi vida, solicitando trabajo, decidiendo tener hijos, mudándome al otro lado del país... Puede resultar intimidante o incluso aterrador enfrentarse a lo desconocido. Pero sólo es desconocido mientras tú lo permitas.

Lo curioso de salir de tu zona de confort es que cuanto más lo haces, más fácil te resulta y más seguro te sientes. Por eso me gusta probar cosas nuevas todo el tiempo. Puedo intentar cocinar una comida nueva con una técnica que nunca he probado antes o practicar una actividad nueva. Enfrentarse a algo nuevo y aprender poco a poco a hacerlo tiene algo de sobrecogedor. Es como volver a ser un niño, creciendo y aprendiendo.

El hecho de que tu cuerpo deje de crecer no significa que tu mente tenga que hacerlo, y cuanto más pruebes cosas nuevas y te aferres a ellas, incluso cuando sean difíciles, más probabilidades tendrás de tener éxito. Al fin y al cabo, fallas el 100% de los tiros que no haces. Tus posibilidades aumentan infinitamente por el mero hecho de intentarlo, aunque sigan siendo bajas. Y cuanto más practiques, más fáciles te resultarán esos tiros con el tiempo.

Resumen del capítulo

Desarrollar una mentalidad de crecimiento y tener la confianza en ti mismo y la resiliencia para continuar ante el fracaso, son las claves del éxito. Cuando aprendes a levantarte después de caer, creces como persona, y ese crecimiento no tiene precio. Podrás salir de tu zona de confort y prosperar. Recuerda que el fracaso no es definitivo hasta que te rindes. Hasta entonces, los errores y contratiempos que encuentres en el trayecto no son más que baches en tu camino hacia el éxito.

CONCLUSIÓN

*Relájate. Te convertirás en adulto. Descubrirás
tu carrera. Encontrarás a alguien que te quiera.
Tienes toda una vida; el tiempo lleva su tiempo.
La única forma de fracasar en la vida es
abstenerse.*

–Johanna de Silentio

Lo que nadie te ha dicho nunca sobre crecer, es que no se trata de saber todo lo que hay que saber o de tener razón todo el tiempo. Nunca llegará el momento en que te sientas perfectamente preparado para enfrentarte a todo lo que el mundo te depare. No, madurar es aprender a navegar a través de todo, incluso cuando no tienes las soluciones. Se trata de aprender a valerte por ti mismo como adulto independiente, pero eso no significa que tengas que enfrentarte al mundo solo.

Apóyate en tus seres queridos. Construye una red de contención social con personas en las que confíes. Sigue aprendiendo, incluso cuando las cosas se pongan difíciles al principio. Fomenta esa mentalidad de crecimiento hasta que la idea de fracasar deje de darte miedo. Pon a prueba todas estas habilidades y sigue practicándolas.

Cometerás errores. Es probable que se te pasen una o dos facturas por accidente (¡aunque espero que no sea así!). Las cosas no siempre saldrán según lo planeado, pero así es la vida. A medida que trabajes en ti mismo y en tus habilidades, seguirás aprendiendo. Crecerás. *Prosperarás*. Lo único que tienes que hacer es acordarte de no rendirte.

La vida adulta puede dar miedo. Al fin y al cabo, hay muchas cosas que dependerán de ti y tendrás que ingeniártelas. Sin embargo, sé que puedes hacerlo. Todos podemos. Sigue así. No tengas miedo de hacer preguntas o de pedir ayuda. Y lo que es más importante, ten confianza en ti mismo de que puedes triunfar y triunfarás en esta vida, te lleve donde te lleve. Tanto si entras a trabajar inmediatamente como si decides dirigir tu propio negocio, ir a la universidad o dedicarte a un oficio, puedes hacerlo. Sólo tienes que acordarte de volver a levantarte cuando te caigas. Si puedes hacerlo, ya has recorrido la mitad del camino. Buena suerte y ¡feliz vida de adulto!

GRACIAS

Muchas gracias por comprar mi libro.

El mercado está lleno de decenas y decenas de libros similares, pero tú te arriesgaste y elegiste éste. Y espero que haya valido la pena.

Así que de nuevo, MUCHAS GRACIAS por comprar este libro y por llegar hasta el final.

Antes de irte, quería pedirte un pequeño favor.

¿Podrías considerar publicar una reseña de mi libro en la plataforma? Publicar una reseña es la mejor manera de apoyar el trabajo de autores independientes como yo.

Tus comentarios me ayudarán a seguir escribiendo el tipo de libros que te ayudarán a obtener los resultados que deseas. Significaría mucho para mí saber de ti.

Deja una reseña en Amazon US →

Deja una reseña en Amazon ES→

SOBRE LA AUTORA

Emily Carter es una autora dedicada a ayudar a los adolescentes en el momento más importante de su vida: la edad adulta. Creció en Nueva York y actualmente, está felizmente casada con su amor del secundario y tienen dos hijos.

En su tiempo libre, Emily es una ávida voluntaria en un banco de alimentos local y disfruta haciendo senderismo, viajando y leyendo libros sobre desarrollo personal. Con más de una década de experiencia en el campo de la educación y la crianza, ha visto la diferencia que una buena crianza y los consejos adecuados pueden marcar en la vida de un adolescente. Actualmente es una escritora en ciernes que comparte sus ideas y consejos sobre cómo criar a niños, adolescentes y jóvenes felices, sanos y resilientes.

Las propias dificultades de Emily para navegar por la vida adulta y superar obstáculos, la inspiraron a dedicarse a la escritura. Emily detectó una laguna en la enseñanza de habilidades esenciales para la vida de adolescentes y adultos jóvenes, y decidió escribir guías completas que cubrieran todos los aspectos, desde la gestión del dinero y el tiempo hasta la búsqueda de empleo y las habilidades de comunicación. Emily espera que su libro empodere a adolescentes y jóvenes a disfrutar de una vida mejor y a desarrollar todo su potencial.

REFERENCIAS

Citas sobre la adultez (546 citas). (s.f.). www.goodreads.com. Recuperado el 18 de mayo de 2023, de https://www. goodreads.com/quotes/tag/adulthood?page=2

AdventHealth. (19 de marzo de 2019). *No esperes: 15 razones para ir a la sala de emergencias.* AdventHealth. https:// www.adventhealth.com/hospital/adventhealth-new- smyrna-beach/blog/dont-wait-15-reasons-head- emergency-room

Allen, S. (2 de junio de 2022). *10 formas de ahorrar tiempo todos los días que la mayoría de las personas ignoran.* Grammarly. https://www.grammarly.com/blog/save- time/

ASI Hastings. (1 de agosto de 2021). *La forma más efectiva de limpiar un sifón en forma de P.* ASI Hastings. https:// www.asiheatingandair.com/info/the-most-effective- way-to-clean-a-p-trap/

Ates, K. (7 de abril de 2021). *Desgaste normal versus daños a la propiedad: una guía para propietarios.* Rentspree. https://www.rentspree.com/blog/normal-wear-and-tear

Bank of America. (2022). *Consejos para ahorrar dinero: 8 formas simples de ahorrar dinero. Mejores Hábitos Financieros.* https://bettermoneyhabits.bankofamerica.com/es/ saving-budgeting/ways-to-save-money

Banton, C. (28 de marzo de 2023). *Tasa de interés.* Investopedia. https://www.investopedia.com/terms/i/interestrate.asp

Better Health. (2014). *Relaciones y comunicación.* Better Health Channel. https://www.betterhealth.vic.gov.au/health/ healthyliving/relationships-and-communication

Boogaard, K. (26 de diciembre de 2021). *Establecer metas alcanzables con el marco de metas SMART.* Atlassian. https://www.atlassian.com/blog/productivity/how-to- write-smart-goals

Límites: ¿Qué son y cómo crearlos? (25 de febrero de 2022). Centro de Bienestar de la Universidad de Illinois Chicago. https://wellnesscenter.uic.edu/news-stories/boundaries- what-are-they-and-how-to-create-them/

Brown, T., & Finch, S. (27 de septiembre de 2022). *Cómo alquilar tu primer apartamento: guía y lista de verificación de apartamentos.* Apartment List. https://www.apartmentlist. com/renter-life/first-time-renter-apartment-guide- checklist

Citas sobre un empresario con una aflicción por Anas Hamshari. (s.f.). www.goodreads.com. Recuperado de https://www. goodreads.com/work/quotes/85599385-businessman- with-an-affliction

CDC. (2017). CDC - *¿Cuánto sueño necesito?* - sueño y trastornos del sueño. CDC. https://www.cdc.gov/sleep/about_sleep/how_much_sleep.html

CDC. (1 de marzo de 2021a). *Consejos para una alimentación saludable.* CDC. https://www.cdc.gov/nccdphp/dnpao/features/healthy-eating-tips/index.html

CDC. (16 de mayo de 2021b). *Beneficios de una alimentación saludable.* CDC; Departamento de Salud y Servicios Humanos de EE. UU. https://www.cdc.gov/nutrition/resources-publications/benefits-of-healthy-eating.html

CDC. (2 de junio de 2022a). *¿Cuánta actividad física necesitan los adultos?* CDC. https://www.cdc.gov/physicalactivity/basics/adults/index.htm

CDC. (13 de septiembre de 2022b). *Consejos de higiene del sueño - sueño y trastornos del sueño.* CDC. https://www.cdc.gov/sleep/about_sleep/sleep_hygiene.html

Chen, J. (9 de abril de 2020). *Definición de arrendamiento y guía completa para alquilar.* Investopedia. https://www.investopedia.com/terms/l/lease.asp

Clear, J. (23 de enero de 2014). *El experimento del malvavisco y el poder de la gratificación aplazada.* James Clear. https://jamesclear.com/delayed-gratification

Collins, C. (21 de abril de 2020). *La importancia de la confianza en uno mismo para tu éxito.* Mom's Got Money. https://www.momsgotmoney.com/the-importance-of-self-confidence/

Compound interest calculator. (s.f.). Www.investor.gov. https://www.investor.gov/financial-tools-calculators/calculators/compound-interest-calculator

Cuncic, A. (9 de noviembre de 2022). *Cómo practicar la escucha activa.* Verywell Mind. https://www.verywellmind.com/what-is-active-listening-3024343

Davenport, B. (31 de mayo de 2020). *21 ejemplos de límites saludables en las relaciones.* Live Bold and Bloom. https://liveboldandbloom.com/05/relationships/healthy-boundaries-in-relationships

Davis, T. (28 de diciembre de 2018). *Cuidado personal: 12 formas de cuidarte mejor a ti mismo.* Psychology Today. https://www.psychologytoday.com/us/blog/click-here-happiness/201812/self-care-12-ways-take-better-care-yourself

DeNicola, L. (11 de enero de 2023). *¿Te atrasaste en el pago de una tarjeta de crédito? Esto es lo que puedes hacer.* Intuit Credit Karma. https://www.creditkarma.com/credit-cards/i/what-happens-if-you-miss-a-credit-card-payment

Dieker, N. (18 de enero de 2022). *¿Con qué puntaje de crédito comienzas?* Bankrate. https://www.bankrate.com/personal-finance/credit/what-credit-score-do-you-start-with/

¿Otros países tienen puntajes de crédito? (s.f.). Chase. https://www.chase.com/personal/credit-cards/education/credit-score/do-other-countries-have-credit-scores

Dweck, C. (13 de enero de 2016). *Qué significa realmente tener una "mentalidad de crecimiento".* Harvard Business Review. https://hbr.org/2016/01/what-having-a-growth-mindset-actually-means

Feuerman, M. (9 de noviembre de 2017). *Gestionar vs. resolver conflictos en las relaciones: los planos para el éxito.* The Gottman Institute. https://www.gottman.com/blog/managing-vs-resolving-conflict-relationships-blueprints-success/

Field, B. (16 de noviembre de 2022). *7 formas sorprendentes de mejorar aún más tu relación.* Verywell Mind. https://www.verywellmind.com/7-surprising-ways-to-make-your-relationship-better-5094212

Folger, J. (10 de diciembre de 2022). *Consejos para una inversión exitosa en la jubilación.* Investopedia. https://www.investopedia.com/articles/personal-finance/111313/six-critical-rules-successful-retirement-investing.asp

Fontinelle, A. (2018). *8 consejos financieros para adultos jóvenes.* Investopedia. https://www.investopedia.com/articles/younginvestors/08/eight-tips.asp

Fontinelle, A. (17 de mayo de 2021). *10 razones para usar tu tarjeta de crédito.* Investopedia. https://www.investopedia.com/articles/pf/10/credit-card-debit-card.asp

Comida para adolescentes: plan de comidas económicas. (18 de enero de 2021). Shelf Cooking. https://shelfcooking.com/food-for-teenagers/

Freer, J. (1 de julio de 2022). *Mantenimiento de apartamentos: ¿qué es y quién es responsable de ello?* ApartmentAdvisor. https://www.apartmentadvisor.com/blog/post/apartment-maintenance-what-is-it-and-who-is-responsible-for-it

Georgiev, D. (28 de febrero de 2023). *¿Cuánto tiempo pasa la gente en las redes sociales en 2023?* Tech Jury. https://techjury.net/blog/time-spent-on-social-media/#gref

Glowiak, M. (14 de abril de 2020). *¿Qué es el autocuidado y por qué es importante para ti?* SNHU. https://www.snhu.edu/about-us/newsroom/health/what-is-self-care

Gomstyn, A. (2019). *Alimentos para tu estado de ánimo: cómo lo que comes afecta tu salud mental.* Aetna. https://www.aetna.com/health-guide/food-affects-mental-health.html

Gould, W. R. (9 de noviembre de 2021). *10 señales de alerta en las relaciones.* Verywell Mind. https://www.verywellmind.com/10-red-flags-in-relationships-5194592

Gupta, S. (27 de diciembre de 2021). *Cómo construir confianza en una relación.* Verywell Mind. https://www.verywellmind.com/how-to-build-trust-in-a-relationship-5207611

Harvard School of Public Health. (3 de junio de 2019). *Potasio.* The Nutrition Source. https://www.hsph.harvard.edu/nutritionsource/potassium/

Atención médica para adultos jóvenes: hallazgos y recomendaciones del informe "Invertir en la salud y el bienestar de los adultos jóvenes". (s.f.).

Personal de Healthwise. (9 de febrero de 2022). *Gestión del tiempo para adolescentes: instrucciones de cuidado.* Myhealth.alberta.ca.

https://myhealth.alberta.ca/Health/aftercareinformation/pages/conditions.aspx?hwid=ug6046

Límites saludables para adolescentes. (s.f.). Centro de Víctimas de Delitos del Condado de Erie. Recuperado el 13 de mayo de 2023, de https://cvcerie.org/healthy-boundaries-for-teens/

Hill, L. (2021, 22 de abril). *¿El desayuno es la comida más importante?* WebMD. https://www.webmd.com/food-recipes/breakfast-lose-weight

Holly. (2020, 23 de julio). *Creando un horario de limpieza de la casa que funcione.* Simplify Create Inspire. https://www.simplifycreateinspire.com/daily-weekly-monthly-cleaning-schedule/

¿Cómo se calculan las puntuaciones FICO? (2018, 19 de octubre). MyFICO. https://www.myfico.com/credit-education/whats-in-your-credit-score#:~:text=FICO%20Scores%20are%20calculated%20using

Cómo funciona el seguro de salud. (2020, 13 de abril). Blue Cross NC. https://www.bluecrossnc.com/understanding-health-insurance/how-health-insurance-works

Cómo cambiar un filtro de aire en casa. (s.f.). The Home Depot. https://www.homedepot.com/c/ah/how-to-change-a-home-air-filter/9ba683603be9fa5395fab906a15a05f

Cómo limpiar el interior de tu lavadora y secadora. (s.f.). Www. appliancewhse.com. https://www.appliancewhse.com/Content.aspx?ID=25

Cómo mejorar las habilidades de comunicación en tu relación. (s.f.). The Jed Foundation. https://jedfoundation.org/resource/how-to-improve-communication-skills-in-your-relationship/

Cómo hacer un plan de comidas. (s.f.). Safefood. https://www.safefood.net/how-to/meal-plan

Cómo entender tus costos y términos clave del seguro de salud. (2018, 8 de marzo). HealthCare.gov. https://www.healthcare.gov/blog/understand-health-insurance-definitions/

Cómo usar una serpiente de plomería y cuándo es necesario. (2021, 28 de septiembre). WM Buffington Company. https://wmbuffingtoncompany.com/blog/plumbing/when-and-how-to-use-drain-snake/

In and Out Express Care. (2019, 3 de marzo). *Las 9 principales razones para acudir a atención de urgencia: quejas comunes de atención de urgencia.* In and out Express Care. https://inandoutexpresscare.com/top-9-reasons-for-an-urgent-care-visit/

Keech, D. (2022, 31 de octubre). *15 tareas de mantenimiento y reparaciones para el hogar que todos deberían saber hacer.* Military by Owner. https://blog.militarybyowner.com/15-home-maintenance-tasks-and-repairs-everyone-should-know-how-to-do

Kellogg, K. (2021, 10 de febrero). *Cómo limpiar un lavavajillas (¡rápidamente!).* Architectural Digest. https://www.architecturaldigest.com/story/how-to-clean-a-dishwasher-with-vinegar

Kilkus, J. (2022, 27 de marzo). *¿Es real la conexión mente-cuerpo?* Psychology Today. https://www.psychologytoday.com/us/blog/navigating-cancer/202203/is-the-mind-body-connection-real

Lake, R. (2023, 28 de abril). *¿Cómo funcionan las tarjetas de crédito?* Investopedia. https://www.investopedia.com/how-do-credit-cards-work-5025119

Lawler, M. (2022, 26 de agosto). *Cómo comenzar una rutina de autocuidado que seguirás.* EverydayHealth. https://www.everydayhealth.com/self-care/start-a-self-care-routine/

Lawler, M. (2023, 17 de marzo). *¿Qué es el autocuidado y por qué es tan importante para tu salud?* Everyday Health. https://www.everydayhealth.com/self-care/

Lyons, M. (2021, 9 de diciembre). *Cómo centrarte: 14 técnicas que debes probar.* www.betterup.com. https://www.betterup.com/blog/how-to-ground-yourself

Hacer una cita. (2014, 21 de agosto). HealthCare.gov. https://www.healthcare.gov/blog/making-an-appointment/

Manolas, K. (2022, 25 de octubre). *Estafas de alquiler: cómo detectarlas y qué hacer.* Avail. https://www.avail.co/education/guides/a-tenants-guide-to-finding-an-apartment/how-to-spot-a-rental-scam

McQuitty Hindmarsh, L. (2023, 1 de marzo). *Más de 20 elementos esenciales para el congelador bien abastecido*. Mums Make Lists. https://www.mumsmakelists.com/freezer-essentials/

Medcalf, A. (2022, 2 de agosto). *Cómo ser honesto y construir confianza en una relación*. Abby Medcalf. https://abbymedcalf.com/how-to-be-honest-and-build-trust-in-a-relationship-2/

National Institute of Mental Health. (2021). Cuidando tu salud mental. National Institute of Mental Health. https://www.nimh.nih.gov/health/topics/caring-for-your-mental-health

O'Shea, B. (2022, 30 de agosto). ¿Cuál es un buen puntaje de crédito? NerdWallet. https://www.nerdwallet.com/article/finance/what-is-a-good-credit-score

Pant, P. (s.f.). *¿Cuánto debo ahorrar? Regla 50 30 20*. TIAA. https://www.tiaa.org/public/learn/personal-finance-101/how-much-of-my-income-should-i-save-every-month

Parker-Pope, T. (2019). *Cómo tener una mejor relación de pareja*. The New York Times. https://www.nytimes.com/guides/well/how-to-have-a-better-relationship

Parrish, M. (13 de mayo de 2022). *Cómo ayudar a los estudiantes a desarrollar una mentalidad de crecimiento*. Good Grief. https://good-grief.org/ways-to-develop-a-growth-mindset/

Peddicord, K. (2020, 2 de octubre). *12 reglas para alquilar una casa en el extranjero*. U.S. News & World Report. https://money.usnews.com/money/retirement/baby-boomers/articles/rules-for-renting-a-home-overseas

Petersen, L. (2019, 24 de enero). *Fortalezas del compromiso como resolución de conflictos*. Chron. https://smallbusiness.chron.com/strengths-compromise-conflict-resolution-10502.html

Una cita de Eleanor Brown. (s.f.). Www.goodreads.com. Extraído el 13 de mayo de 2023, de https://www.goodreads.com/quotes/9752464-self-care-is-not-selfish-you-cannot-serve-from-an-empty

Una cita de Nineteen Minutes. (s.f.). Www.goodreads.com. Extraído el 13 de mayo de 2023, de https://www.goodreads.com/quotes/75688-everyone-thinks-you-make-mistakes-when-you-re-young-but-i

Soluciones Ramsey. (2023, 15 de marzo). *Cómo ahorrar dinero: 22 sencillos consejos*. Ramsey Solutions. https://www.ramseysolutions.com/budgeting/the-secret-to-saving-money

Robinson, L., Segal, J., y Smith, M. (2019). *La comunicación eficaz. Guía de ayuda*. https://www.helpguide.org/articles/relationships-communication/effective-communication.htm

Rose, G. (2023, 6 de abril). Comprar un seguro de vida como inversión. NerdWallet. https://www.nerdwallet.com/article/insurance/life-insurance-as-an-investment

Rosen, T. (2021, 22 de enero). *Consejos para ir al médico por tu cuenta como estudiante universitario.* Bwog - Columbia Student News. https://bwog.com/2021/01/tips-for-going-to-the-doctor-by-yourself-as-a-college-student/

Rudd, L. (2017, 12 de abril). *Cómo cambiar una bombilla. Vivir - Tu casa, bricolaje y vida.* HomeServe. https://www.homeserve.com/uk/living/how-to/how-to-change-a-light-bulb/

Ryan, A. (2020, 28 de mayo). *Consejos para tu joven adulto y su 1er apartamento.* Simply Family Magazine. https://simplyfamilymagazine.com/tips-for-your-young-adult-and-their-1st-apartment

Saraev, N. (2022, 19 de mayo). *Las 10 pérdidas de tiempo más habituales y cómo evitarlas.* Day.io. https://day.io/blog/the-top-10-most-common-time-wasters-how-to-avoid-them/

Ahorrar e invertir para el futuro. (2022). Extensión de la Universidad de Minnesota. https://extension.umn.edu/personal-finances/saving-and-investing-your-future

Leyes estatales sobre depósitos de seguridad. (sin fecha). Rocket Lawyer. Obtenido el 13 de mayo de 2023, del sitio Web: https://www.rocketlawyer.com/real-estate/landlords/property-management/legal-guide/security-deposit-laws-by-state.

Segal, J., Robinson, L., & Smith, M. (2019, 21 de marzo). *Habilidades para la resolución de conflictos.* HelpGuide.

https://www.helpguide.org/articles/relationships-communication/conflict-resolution-skills.htm

17 citas sobre la comunicación en las relaciones que encantarán a todas las parejas. (2021, 16 de febrero). The Healthy. https://www.thehealthy.com/family/relationships/relationship-communication-quotes/

Sharp Emerson, M. (2021, 30 de agosto). *Ocho cosas que puedes hacer para mejorar tus habilidades de comunicación.* Professional Development | Harvard DCE. https://professional.dce.harvard.edu/blog/eight-things-you-can-do-to-improve-your-communication-skills/

Sheldon, R., & Wigmore, I. (2022, septiembre). *¿Qué es la técnica pomodoro?* WhatIs.com. https://www.techtarget.com/whatis/definition/pomodoro-technique

Sheppard, S. (2021, 25 de octubre). *Cómo construir una relación respetuosa.* Verywell Mind. https://www.verywellmind.com/respect-is-vital-to-building-a-healthy-relationship-5206110

Simeon, D. (2014, 6 de marzo). *¿Quieres que tu hijo adolescente sea más organizado? 10 ideas que realmente funcionan.* Your Teen Magazine. https://yourteenmag.com/teenager-school/teenager-middle-school/help-your-teenager-get-organized

Soukup, R. (2020, 7 de julio). *Cómo abastecer tu primera cocina.* Living Well Spending Less®. https://www.livingwellspendingless.com/how-to-stock-your-first-kitchen/

Srinivasan, H., y 2021. (2022, 21 de octubre). *Cuándo utilizar una tarjeta de débito y cuándo una de crédito. De manera muy sencilla.* https://www.realsimple.com/work-life/ money/debit-vs-credit-card

Stickley, A. (2022, 28 de septiembre). *Las formas más eficaces de limpiar un triturador de basura.* The Spruce. https://www. thespruce.com/cleaning-a-garbage-disposal-2718863

Estira tu presupuesto de proteínas: nutre y ejercita tu cuerpo. (sin fecha). Www.ag.ndsu.edu. Extraído el 13 de mayo de 2023, de https://www.ag.ndsu.edu/nourishyourbody/ stretch-your-protein-budget

La importancia de invertir pronto y a menudo. (s.f.). Associated Bank. https://www.associatedbank.com/resource-center/saving/investing-early-and-often

Las 20 mayores pérdidas de tiempo de las universitarias - college girl smarts. (2020, 9 de diciembre). College Girl Smarts. https://www.collegegirlsmarts.com/biggest-time-wasters-for-college-students/

Tipos de abuso. (s.f.). The Hotline. https://www.thehotline. org/resources/types-of-abuse/

Vega, M. (2022, 23 de marzo). *¿Necesitas un aval para tu piso? Consejos para vivir en un apartamento.* ApartmentGuide. com. https://www.apartmentguide.com/blog/do-you-need-an-apartment-co-signer/

Wallender, L. (2022, 17 de junio). *Cómo desatascar cualquier desagüe.* The Spruce. https://www.thespruce.com/ how-to-unclog-a-drain-2718779

Ley de seguro obligatorio de automóvil/motocicleta del estado de Washington. (s.f.). Oficina del Comisionado de Seguros del Estado de Washington. https://www.insurance.wa.gov/washington-states-mandatory-automotorcycle-insurance-law

Wells Fargo. (2022). *¿Por qué invertir?* Wells Fargo. https://www.wellsfargo.com/goals-investing/why-invest/

¿Qué es la puntuación crediticia? (2020, 1 de septiembre). Oficina de Protección Financiera del Consumidor. https://www.consumerfinance.gov/ask-cfpb/what-is-a-credit-score-en-315/

¿Qué es el seguro de inquilinos y qué cubre? (2021, octubre). Allstate. https://www.allstate.com/resources/renters-insurance/what-does-renters-insurance-cover

Williams, R. (2019, 28 de marzo). *10 consejos espirituales de autocuidado para ser feliz.* Chopra. https://chopra.com/articles/10-spiritual-self-care-tips-to-be-happy

Wooll, M. (2022, 11 de enero). *Por qué importa la comunicación cara a cara (incluso en el trabajo remoto).* BetterUp. https://www.betterup.com/blog/face-to-face-communication